Dagmar Binder

PIRATEN AHOI!

Geschichten, Spiel & Spaß für kleine Seeräuber

Mit Bildern von
Jutta Garbert

sauerländer

Inhalt

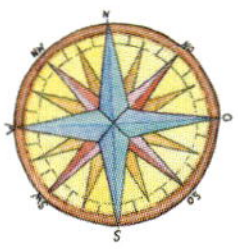

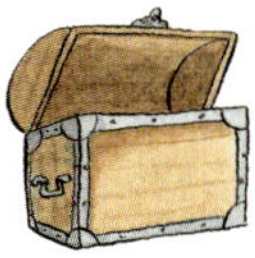

Piraten –
Schrecken der Meere

Piraten auf Kurs

»Piraten auf Kurs!« Der Ruf des Matrosen aus dem Krähennest versetzte meist die gesamte Schiffsmannschaft in Aufruhr. Doch wenn die schwarze Flagge am Horizont erspäht wurde, dann war es für die schwer beladenen Handelsschiffe oft schon zu spät für eine erfolgreiche Flucht.

Piraten trieben zu allen Zeiten auf allen Meeren ihr Unwesen. Wo Schiffe mit wertvoller Fracht unterwegs waren, da waren auch die Seeräuber meist nicht weit.

Vor ungefähr 400 Jahren verbreiteten besonders viele Piraten Angst und Schrecken auf den Weltmeeren. Man nannte die Zeit auch das Goldene Zeitalter der Piraterie.

Auf dem neu entdeckten Seeweg nach Indien brachten Handelsschiffe kostbare Güter wie Gewürze, Seide, Tabak und Edelhölzer nach Europa. Die schwer beladenen Handelsschiffe konnten den schnellen Seglern der Piraten selten entfliehen. Außerdem waren die Piraten als gnadenlose Kämpfer berüchtigt. Deshalb ergab sich mancher Kapitän lieber kampflos. So konnte er häufig das Leben seiner Mannschaft retten. Die wertvolle Fracht jedoch fiel in die Hände der Räuber.

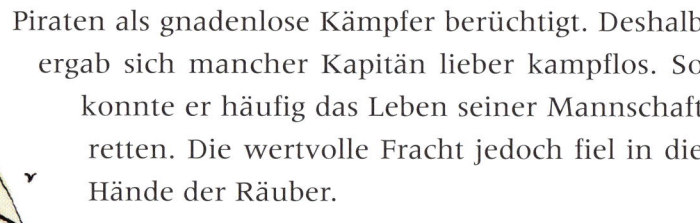

Aus Amerika, der sogenannten Neuen Welt, waren damals ganze Flotten von Segelschiffen unterwegs. Galeonen hießen die großen Schatzschiffe mit bis zu 60 Kanonen und 200 Matrosen an Bord. Sie brachten die Gold- und Silberschätze der Azteken und Inkas nach Spanien. Natürlich lockten diese unermesslichen Schätze auch die Piraten und Freibeuter an.

Schon gewusst?

Vor etwa 500 Jahren:
Vasco da Gama fand den Seeweg nach Indien.
Christoph Kolumbus entdeckte Amerika.

Krähennest nannte man den geflochtenen Korb am Hauptmast eines Segelschiffs. Hier oben in luftiger Höhe hielten immer Wachposten mit Fernrohr Ausschau nach feindlichen Schiffen oder anderen Gefahren wie Sandbänken und Riffen.
Wie hungrige Krähen – also mit besonders scharfem Blick – behielten sie den Horizont im Auge.

Emilio Feuerohr

Im Sommer fahren viele Leute gern an die See, weil man dort so schön schwimmen kann. Man kann in den Wellen spielen, eine Sandburg bauen oder sich in einen Strandkorb setzen und lesen. Wunderschöne Muscheln gibt es dort, aber auch Seeigel, Seemöwen, Seehunde, Seesterne und manchmal auch Seeräuber.

Einige von ihnen waren weltberühmt. Es wurden Bücher über sie geschrieben und der eine oder andere bekam sogar ein Denkmal gesetzt. Doch die meisten blieben unbekannt.

Zu diesen gehörte Emilio. Er war ein unbedeutender Seeräuber, denn er besaß nur ein winzig kleines Schiff. Wer ihn aber reden hörte, musste annehmen, den berühmtesten Seeräuber aller Zeiten vor sich zu haben.

»Einmal bin ich in drei Tagen sieben Mal um die Welt gesegelt«, erzählte er, und weil das fürchterlich ge-

schwindelt war, wurden seine Ohren feuerrot. Da lachten ihn die Leu-
te aus und nannten ihn von da an nur noch »Emilio Feuerohr«.
Manchmal, wenn sie besonders höflich sein wollten, sagten sie auch
»Herr Emilio mit den roten Ohren« zu ihm. Aber das war ihm egal.

Eines Tages passte er nicht auf und kam mit seinem kleinen Boot in
einen Wirbelsturm. Der Wind heulte in den Segeln und die Wellen waren mindestens zehnmal so hoch wie die Mastspitze seines Schiffs. Emilio hatte schreckliche Angst, weil er nicht schwimmen konnte.

Als sich der Sturm gelegt hatte, befand er sich irgendwo mitten auf
dem Meer. Rings um ihn her war nur Wasser und nirgendwo auch nur
ein Fitzelchen Land zu sehen. Gerade als er sich einsam zu fühlen begann, entdeckte er am Horizont ein fremdes Schiff. Und weil es ziemlich groß und reich aussah, warf er sein Ruder herum und steuerte direkt darauf zu.

Leider wusste er nicht, dass es das Schiff des berüchtigten Seeräubers
Alexander Eisenarm war, der gerade die Hauptfrau des Sultans von
Arabien entführt hatte. Er steuerte den nächsten Sklavenmarkt an, um
sie dort für möglichst viel Geld zu verkaufen.

Weil aber der Matrose im Ausguck immer nur in der Ferne und immer
nur nach großen Schiffen Ausschau hielt, bemerkte er Emilio Feuerohr nicht, der flink mit seinem kleinen Boot längsseits gekom-
men war.

Er kletterte schnell an seinem Mast in die Höhe, schwang sich über die Reling und schrie, so laut er konnte: »Hände hoch! Ich bin Emilio der Gnadenlose!« Und dabei begannen sich auch schon seine Ohren langsam rot zu färben.

Doch die Matrosen packten ihn und schleppten ihn vor ihren Kapitän. »Was suchst du hier?«, brüllte Alexander Eisenarm ihn an.

Emilio erwiderte frech: »Ich bin der Herr der sieben Meere und nehme dich gefangen!« Seine Ohren glühten auf wie die Sonne, bevor sie am Abend ins Meer taucht. Da musste der wilde Alexander lachen und seine Mannschaft lachte mit, bis das Schiff wackelte.

»Hahaha«, gluckste er, »hahaha, schaut euch nur die roten Ohren an!«

»Ich bin in drei Tagen sieben Mal um die Welt gesegelt«, schrie Emilio wütend, »und mit meinen Ohren höre ich über hundert Meilen weit!«

»So«, fragte Alexander, »kannst du auch hören, ob sich ein fremdes Schiff nähert?«

»Eins?«, rief Emilio erstaunt. »Eben nähern sich hunderttausend Kriegsschiffe!« Seine Ohren leuchteten wie Feuerschein in einer Neumondnacht.

Da erschrak der wilde Alexander Eisenarm, denn er konnte ja nicht wissen, dass Emilio das Blaue vom Himmel herunterschwindelte.

»Bist du ganz sicher«, fragte er etwas ängstlich, »sind es wirklich hunderttausend?«

Jetzt kam Emilio erst richtig in Fahrt. »Es sind genau einhundertdreizehntausendfünfhundertvierunddreißig gewöhnliche Kriegsschiffe und ein Admiralsschiff. Und eben sind die Soldaten dabei, die Kanonen zu laden.«

Das können nur die Schiffe des Sultans von Arabien sein, schoss es Alexander durch den Kopf. Sie haben sicher den Befehl, uns alle umzubringen und die Frau des Sultans zu befreien. Er überlegte schnell.

»Ach, lieber Emilio«, begann er scheinheilig, »du machst mir Angst. Nimm uns bitte nicht gefangen! Ich schenke dir auch die schöne Sultansfrau.«

Wenn Emilio die Sultansfrau in seinem Schiff hätte, könnte Alexander einhundertdreizehntausendfünfhundertvierunddreißig Kriegsschiffe

und das Admiralsschiff auf ihn hetzen und so die Gefahr von sich ab-
wenden. Doch der arglose Emilio ahnte nichts von diesem Plan. Er
glaubte allen Ernstes, dass sich der wilde Seeräuber Alexander Eisenarm wirklich vor ihm fürchtete. Deshalb erklärte er sich mit dem Vor-
schlag einverstanden und nahm das Geschenk dankend an.

Weil aber die ganze Geschichte mit den Kriegsschiffen ja nur erfunden
war, erreichte der tapfere Emilio Feuerohr unbehelligt Arabien und
brachte dem Sultan wohlbehalten seine Frau zurück. Zur Belohnung
schenkte der Sultan ihm eine große Kiste voll Gold.

Seitdem bekam Emilio nie wieder rote Ohren, denn er musste nie mehr
schwindeln, wenn er die Geschichte erzählte, wie er den berüchtigten
Seeräuber Alexander Eisenarm bezwungen und die Frau des Sultans
befreit hatte. Er setzte sich zur Ruhe und hängte die Seeräuberei an den
Nagel, weil er genug Geld hatte, um davon leben zu können. Aufs Meer
fuhr er nur noch hinaus, wenn es ihm Spaß machte.

Und wenn man seine Ferien an der See verbringt und Glück hat, kann
man ihm dort vielleicht begegnen.

Sigrid Heuck

11

Piraten – Das Leben an Bord

Auf einem Piratenschiff lebten viele Männer ganz eng zusammen. Unter Deck war es feucht und dunkel. Überall gab es Schmutz.

Ratten und Mäuse waren ständige Begleiter der Piraten. Das Essen war schlecht, Trinkwasser knapp. Auf langen Fahrten hungerten die Piraten häufig. Trotzdem mussten sie hart schuften. Auch bei schlimmstem Wind und Wetter kletterten die Matrosen in die Masten, setzten Segel oder holten sie wieder ein. Das war oft lebensgefährlich.
Eigentlich war das Leben der Piraten auf See die meiste Zeit eher langweilig und eintönig: immer die gleiche Aussicht, immer das gleiche Essen, immer die gleichen Arbeiten. Doch manchmal war es eben auch wild und aufregend und spannend.

Seeräuberschmaus

Der Speiseplan der Piraten war sehr einseitig. Zur Verpflegung gehörten vor allem salziges Dörrfleisch und trockener Schiffszwieback. Der Zwieback war häufig voller Kornkäfer und Maden. Manchmal gab es frisch geangelten Fisch oder Schildkröten. Einige Schiffe hatten Schweine oder Hennen an Bord, die Eier legten.
Frisches Obst und Gemüse war auf den Schiffen nicht vorhanden. Wegen des Mangels an Vitamin C verloren viele Männer ihre Zähne und fühlten sich ständig matt. Da Trinkwasser schnell ungenießbar wurde, tranken die Piraten meistens Bier und Wein.

Die Wiege der Piraten

Piraten schliefen meist in Hängematten unter Deck. Bei schwerem Seegang schwingen die Hängematten hin und her, ohne dass man herausfällt.

Großputz für Seeräuber

Auf einem Seeräuber-Segelschiff gab es immer viel zu tun. Die häufigsten Aufgaben waren:

- Segel setzen oder einholen
- beschädigte Segel flicken
- neue Segel nähen
- gerissene Taue reparieren
- Taue neu verspannen
- Deck schrubben
- Holz ausbessern
- Holz wasserdicht machen
- Waffen putzen
- allzeit gefechtsbereit sein

Alle paar Monate musste der äußere Schiffsrumpf von Algen und See-pocken – das sind kleine Krebstiere – befreit werden. Sonst wäre das Schiff immer langsamer geworden. Außerdem musste das Holz auf Schiffsbohrwürmer untersucht werden. Sie konnten das ganze Schiff durchlöchern.

Alles klar zum Entern – der Angriff

Schwer beladene Handelsschiffe waren langsam und unbeweglich. Beim Wettsegeln mit den kleinen, schnellen Piratenschiffen hatten sie meistens keine Chance. Sie konnten ihnen nicht entkommen.

Waren die Piraten erst einmal in Sichtweite, dann veranstalteten sie einen Höllenlärm. Sie schrien und brüllten und trommelten wild herum. Mit ohrenbetäubendem Kanonendonner eröffneten sie den Angriff. Dann warfen sie mit Stink- und Rauchbomben. Ein gut gezielter Schuss aus einer Muskete traf den Steuermann des Handelsschiffs und machte es führerlos.

Diese Taktik der Piraten war sehr erfolgreich. Viele Schiffe ergaben sich kampflos. Im Nahkampf waren ihnen die Piraten sowieso überlegen. »Alles klar zum Entern!«, brauchte der Piratenkapitän dann nur noch zu rufen. Seine Männer warfen ihre Enterhaken auf das fremde Schiff und nahmen es in Besitz.

Überfall in der Nacht

Viele Piratenangriffe fanden im Dunkeln statt. Lautlos glitt das Piratenschiff an das Beuteschiff heran. Die Piraten warfen ihre Enterhaken aus und kletterten blitzschnell an Deck. Der Kampf Mann gegen Mann begann.

Die Waffen der Piraten

Enterhaken waren aus schwerem Eisen. Durch den Ring wurde ein Seil gezogen. Damit konnte der Enterhaken auf ein anderes Schiff geworfen werden. Die spitzen Widerhaken krallten sich im Holz oder in den Segeln fest. Die Piraten konnten das Schiff so näher heranziehen und es entern. Jeder Pirat hatte ein Entermesser. Dieses lange Messer war vielseitig einsetzbar und wurde so zum berühmten Seeräuberdolch.

Die Axt gehört auch zu den Waffen der Piraten. Damit konnten dicke Seile und Taue einfach entzweigehauen werden.

Muskete nannte man das lange Gewehr. Ein Scharfschütze konnte damit gut zielen, sofern das Meer nicht allzu stürmisch war.

Piraten-Flaggen

Totenköpfe, gekreuzte Knochen oder Säbel in Weiß auf Schwarz, diese Bilder sollten die Gegner erschrecken und forderten auf: Ergebt euch kampflos!

Die Gesetze der Piraten

Piraten waren als wilde Kerle berüchtigt. Doch auch sie mussten sich an Bord ihres Schiffes strengen Regeln unterwerfen. Wer gegen diese Regeln verstieß, wurde hart bestraft.

Diese Gesetze galten auf den meisten Piratenschiffen:

1. Gibt es etwas zu entscheiden, so hat jeder eine Stimme.

2. An Bord darf nicht um Geld gespielt werden.

3. Prügeleien untereinander sind verboten.

4. Um 8 Uhr abends werden alle Lichter und Kerzen gelöscht.

5. Waffen sind sauber und einsatzbereit zu halten.

6. Bei einem Kampf müssen alle mitmachen.

7. Alle bekommen den gleichen Anteil der Beute, der Kapitän bekommt das Doppelte.

8. Frauen und Kinder an Bord sind verboten.

Seeräuber-Knoten

Alle Seeleute auf Segelschiffen – natürlich auch die Piraten – können gut mit Seilen und Tauen umgehen. Und sie müssen viele Arten von Knoten perfekt beherrschen. Knoten, mit denen man etwas zuschnüren, zwei Seile miteinander verbinden, eine Schlaufe ziehen oder vieles andere tun kann.

Hier findest du ein paar Beispiele für Knoten, die du immer gut gebrauchen kannst. Am besten übst du sie mit einem etwas dickeren Seil.

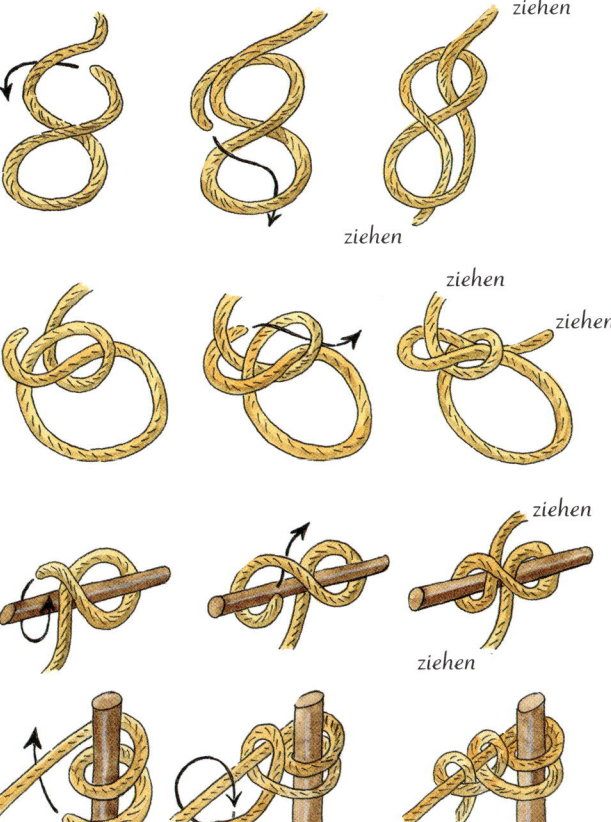

ziehen
ziehen

Der **Achtknoten** dient als Stopper am Seilende.

ziehen
ziehen

Der **Palstek** bildet eine Schlinge, die sich nicht zusammenzieht. Damit werden Boote an einem Poller am Ufer festgemacht.

ziehen
ziehen

Mit dem **Webeleinstek** wird ein Seil an einem Rundholz befestigt.

ziehen
ziehen

Mit einem **Rundtörn mit zwei halben Schlägen** kann ein Seil an einem Mast festgemacht werden.

17

Das Piratenlied

Text: Bernd Kohlhepp
Melodie: Jürgen Treyz

1. Ja, wir sind die Pi - ra - ten und un - ser Blut ist

rot, das Meer ist un - ser Le - ben, das

Meer ist un - ser Tod. Und sind wir auch nicht

höf - lich, wie and - re Leu - te sind, so

sind halt die Pi - ra - ten und fah - ren mit dem

Wind,

Wind.

18

2. Ja, wir sind die Piraten
und fahren übers Meer,
wir können sehr gut segeln,
das fällt uns gar nicht schwer.
Wir haben auch ein Schiff
mit Segeln groß und rot
und hinten angebunden,
da schwimmt ein kleines Boot.

3. Ja, wir sind die Piraten
und kommt uns einer krumm,
dann schad um seine Gurgel,
der bleibt für immer stumm.
Dann kommt er in die Wasser
zu blut'ger Haie Schar,
so sind halt die Piraten
und finden's wunderbar.

4. Ja, wir sind die Piraten
und haben einen Schatz,
der wohnt auf unsrer Insel
und ist ein lieber Fratz.
Und kommen wir Piraten
vom Kapern wieder heim,
gibt's Pfitzauf für den Käptn,
für die andern Haferschleim.

Das Piratenlied wird schrecklich laut gegrölt und wild geschrien; bitte nicht zwischen 12.00 und 15.00 Uhr und nicht nach 20.00 Uhr. Wegen der schlafenden Piratengeschwister, Pirateneltern und außerdem den Piratennachbarn.

Störtebeker

Schwarzbart

Sir Francis Drake

Piraten –

Mary Read u. Anne Bonny

berühmt

Long John Silver

und

berüchtigt

Efraim Langstrumpf

Pepolino

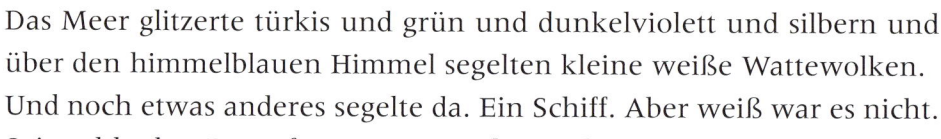

Es war ein wunderschöner
Sommertag vor fünfhundert Jahren.

Das Meer glitzerte türkis und grün und dunkelviolett und silbern und
über den himmelblauen Himmel segelten kleine weiße Wattewolken.
Und noch etwas anderes segelte da. Ein Schiff. Aber weiß war es nicht.
Sein schlanker Rumpf war rot wie Blut und sein vom Wind geblähtes
Segel schwarz wie die Nacht. Nur eins war weiß darauf. Ein grimmiger
Totenkopf mit zwei gekreuzten Knochen dahinter.

Das war das Schiff vom kleinen Seeräuber.

Der kleine Seeräuber selbst lehnte schläfrig am Mast und träumte in
den wunderschönen Tag hinein. Er hatte ein feuerrotes Tuch um den
Kopf geknotet und seine giftgrüne Seidenbluse war bis zu dem breiten
Ledergürtel hin offen.

In dem Gürtel steckte ein wuchtiges Seeräubermesser. Alles war still
und friedlich und man hörte nur das sanfte Plätschern der Wel-

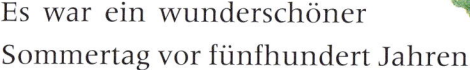

len und das gleichmäßige Knarzen der Holzbohlen. Der
kleine Seeräuber gähnte und schloss die Augen. Er
langweilte sich ein bisschen.

Plötzlich krächzte eine heisere Stimme: »Feind in Sicht!
Feind in Sicht!«

Das war Don Poco, der Papagei.

Er saß hoch oben auf der Mastspitze. Mit seiner roten
Brust, seinen dunkelblauen Flügeln, der grünen Haube
und dem gebogenen Schnabel sah er sehr gefährlich aus.

»Feind in Sicht!«, krächzte er zum dritten Mal.

Der kleine Seeräuber blinzelte mit einem Auge in die Sonne. Er
konnte nichts erkennen, aber er wusste, dass Don Poco recht hatte. Papageien haben scharfe Augen. Besonders Don Poco. Der kleine Seeräuber hatte ihn eines Tages unter einem Baum gefunden, er
war aus dem Nest gefallen und war winzig klein und piepste

kläglich und sträubte seine Flaumfedern. Der Seeräuber nahm ihn auf und fütterte ihn und nannte ihn Poco, das heißt so viel wie Wenig. Aber dann wurde der Papagei immer größer und größer und auch ein bisschen frech, da nannte der Seeräuber ihn Don Poco, das heißt so viel wie Herr Wenig. Und seitdem gehörten sie zusammen.

Feind in Sicht!

Der kleine Seeräuber reckte sich. Er hatte seine engen Hosen hochgekrempelt und seine Füße waren nackt. Er mochte keine Schuhe. Seeräuber müssen sich anschleichen können. Er hob die Hand über die Augen und schaute über das Meer. Wasser und Himmel, so weit er sehen konnte.

Doch da! Ein kleiner dunkler Punkt. Der näher kam. Heller wurde. Ein weißes Segel. Ein gelbes Schiff. Bauchig rund. Eine Handelskogge. Näher und näher.

Der kleine Seeräuber griff nach seinem Messer.

Es sah so aus, als würde es bald einen Kampf geben. Eigentlich hatte der kleine Seeräuber keine große Lust zu kämpfen. Dazu war er viel zu müde und zu faul und die Sonne schien so schön und der Tag war überhaupt viel zu friedlich zum Kämpfen.

Aber Seeräuber müssen nun einmal kämpfen. Und seeräubern. Und das hatte er seit vielen Tagen nicht mehr getan. »Na warte«, dachte er, »dir werde ich deine Beute schnell abjagen.«

Das Handelsschiff war jetzt schon so nah herangekommen, dass der kleine Seeräuber erkennen konnte, wer vorn am Bug stand.

Der Kapitän.

Er war groß und dick und hatte einen dreieckigen federgeschmückten Hut auf dem Kopf und trug ein Samtwams mit goldenen Knöpfen. Seine Füße steckten in gelben Stulpenstiefeln und in der Hand schwang er ein großes Schwert.

»Ha«, schrie der kleine Seeräuber, »hab ich dich endlich?! Her mit deiner Ladung!« Und dazu fuchtelte er mit seinem Messer durch die Luft.

»Nur über meine Leiche!«, brüllte der dicke Kapitän zurück und ließ sein Schwert auf und ab zischen.

»Du weißt wohl nicht, wer ich bin!«, schrie der Seeräuber. »Ich bin der größte und gefährlichste Seeräuber auf allen sieben Meeren. Her mit deiner Ladung, sonst geht es dir schlecht!«

»Und ich«, brüllte der Kapitän, »ich bin der dicke Kapitän und keiner auf der ganzen Welt kann es mit mir aufnehmen!«

»Außer mir! Hast du nicht den Totenkopf auf meinem Segel gesehen?« Und obwohl die beiden Schiffe jetzt schon ganz nah beieinander waren, schrie der kleine Seeräuber immer lauter, damit der dicke Kapitän nicht hören konnte, dass seine Stimme ein ganz klein wenig zitterte. Denn immerhin ist so ein Schwert doch viel größer und schrecklicher als das grimmigste Seeräubermesser.

»Wage es nur, du Wicht!«, brüllte wieder der Kapitän und schwang sein Schwert und nicht einmal er selber merkte, dass er sich fürchtete.

Jetzt standen sie alle beide, der kleine Seeräuber und der dicke Kapitän, ganz dicht vorn an der Reling ihrer Schiffe und beschimpften sich

24

und drohten sich mit ihren Waffen und sahen nicht, dass sie immer näher und näher aneinander heransegelten, und RUMS! stießen die beiden Schiffe zusammen.

Der kleine Seeräuber verlor das Gleichgewicht und stürzte kopfüber ins Wasser.

»Hilfe!«, kreischte Don Poco, der Papagei.

Der dicke Kapitän stolperte auch, versuchte sich festzuhalten, aber er musste ja das große Schwert in der Hand behalten und PLUMPS lag er auch im Wasser.

Da strampelten sie nun und schwammen und schnappten nach Luft.

»Hähähähä«, kicherte Don Poco schadenfroh.

Das ärgerte den kleinen Seeräuber, schließlich und immerhin war er ein Seeräuber.

Punktum.

Er nahm sein Messer nach Seeräuberart zwischen die Zähne und packte ein Tau und zog sich wieder auf sein Schiff hinauf.

»Blubb, blubb, blubb«, blubberte der Kapitän und ging immer wieder unter. Denn das Schwert konnte er um keinen Preis los-lassen und sein Wams hatte sich voll-gesogen und die Goldknöpfe wogen schwer und die Stulpenstiefel füllten sich mit Wasser.

Da erbarmte sich der kleine Seeräuber und warf dem dicken Kapitän ein Seil zu. An dem konnte er sich festhalten und wieder auf sein Schiff klettern.

»Danke«, grummelte der Kapitän, denn es war ihm schrecklich, sich von einem Seeräuber helfen zu lassen.

Und dem kleinen Seeräuber war es auch äußerst peinlich, denn einem Kapitän zu helfen, das war keine ordentliche Seeräuberart.

»Schon gut«, nuschelte er verlegen, »gleich kämpfen wir weiter.«

Irene Rodrian

Berühmte Piraten und furchtlose Piratinnen

Wild und verwegen, hinterlistig und freiheitsliebend – so kennt man die Piraten aus Büchern und Filmen. Sie überfielen Schiffe, raubten Schätze und kehrten mit Reichtümern beladen heim.

Abenteurer und Draufgänger gab es viele bei den Piraten. Es gab auch einige Adlige unter den Seeräubern und sogar verkleidete Frauen. Die meisten aber waren ehemalige Seeleute, die zu wenig Lohn erhalten hatten, und Soldaten, denen die Bedingungen auf den Kriegsschiffen zu hart waren. Auch Verbrecher und ehemalige Sklaven konnte man auf einem Piratenschiff finden.

Auf der Jagd nach dem Goldenen Vlies

Schon bei den alten Griechen gab es Seeräuber. Man nannte sie Peirates. Daraus entstand unser Wort Piraten.

Die wilden Kerle des Nordens

Wikinger bedeutet Seeräuber. Die Wikinger beherrschten die Meere des Nordens. Ihre Langschiffe waren sehr schnell und gut zu lenken. Wie aus dem Nichts tauchten sie urplötzlich auf und verbreiteten Angst und Schrecken.

Die Wikingerschiffe waren mit Drachenköpfen geschmückt. Deshalb nannte man sie auch Drachenboote.

Stürz den Becher

Klaus Störtebeker trieb als Seeräuber sein Unwesen auf der Ostsee und später auch auf der Nordsee.

Angeblich konnte er einen riesigen Becher voll Wein in einem Zug austrinken. »Klaus, stürz den Becher!«, riefen seine Kumpane und gaben ihm so seinen Spitznamen. Klaus Störtebeker wurde aber auch Likedeeler genannt – das heißt Gleichteiler –, weil er die Beute immer gerecht mit seiner Mannschaft teilte.

Schwarzbart, der Schreckliche

Einer der schlimmsten Piraten der Südsee wurde Schwarzbart genannt. Der Name klingt eigentlich ziemlich harmlos. Dabei war Schwarzbarts Aussehen furchterregend.

Seinen langen, schwarzen Bart hatte Schwarzbart zu Zöpfen geflochten. Wenn er in den Kampf zog, steckte er sich brennende Lunten ins Haar, sodass ihn eine Rauchwolke umgab. Sein Lieblingsgetränk war angeblich Rum mit Schießpulver.

Der Pirat der Königin

Manche Piraten arbeiteten in geheimem Auftrag. Sie überfielen Schiffe anderer Nationen und teilten die Beute mit ihrem König. Diese Piraten, die straflos andere Schiffe überfallen durften, nannte man Freibeuter.

Der berühmteste von ihnen war Sir Francis Drake. Er erbeutete für seine Königin – Elisabeth die Erste von England – große Reichtümer und wurde von ihr geadelt.

Furchtlose Piratinnen

Eigentlich war es für Frauen ja verboten, auf einem Schiff zu sein. Die Seeleute glaubten, dass die Anwesenheit von Frauen Unglück bringt. Trotzdem gab es immer wieder Frauen, die sich als Männer verkleideten und auf einem Piratenschiff anheuerten. Diese Piratinnen waren oft besonders kühne Kämpferinnen. Berühmt sind die Heldentaten von Mary Read und Anne Bonny, die immer noch weiterkämpften, als die anderen Piraten schon längst aufgegeben hatten.

Efraim Langstrumpf

Der Vater von Pippi Langstrumpf war ein gefürchteter Piratenkapitän. Pippi sagt selbst über ihren Vater Efraim, dass er früher der Schrecken der Meere gewesen sei und jetzt Negerkönig auf der Taka-Tuka-Insel.
Über die Beutefahrten mit seinem Schiff, der Hoppetosse, ist nicht viel bekannt. Auf jeden Fall hinterließ Efraim Langstrumpf seiner Tochter einen großen Koffer voller Goldstücke aus seinem Piratenschatz und den Affen, Herrn Nilsson.

Käpt'n Blaubär

Der berühmte Kapitän im blauen Pelz erzählt seinen drei Enkelkindern gerne haarsträubende Geschichten über seine tollkühnen Erlebnisse mit Piraten. Mit dabei war auch immer Hein Blöd, die Schiffsratte.

Long John Silver

Heimtückisch, listig und verschlagen – also einer, der seinen Kopf immer wieder aus der Schlinge zieht. Außerdem: groß, einbeinig, mit einem Papageien auf der Schulter, der immer das gleiche Wort kreischt: »Golddublonen!« (So nannte man früher große Goldmünzen.) Diese Beschreibung passt ganz genau auf Long John Silver, den übelsten Schurken aller Piratenbücher. Robert Louis Stevenson hat die Figur des Long John Silver erfunden und seine Geschichte erzählt in dem berühmten Piratenbuch »Die Schatzinsel«.

Ein Pirat, ein Pirat

Text: Karin Lorenz
Melodie: Nikolaus Esche

Ein Pi - rat, ein Pi - rat trägt ein schwar - zes Tuch,

sonst is - ser ja kei - ner, ein Pi - rat, ein Pi -

rat kennt den stärks - ten Fluch, sonst is - ser ja

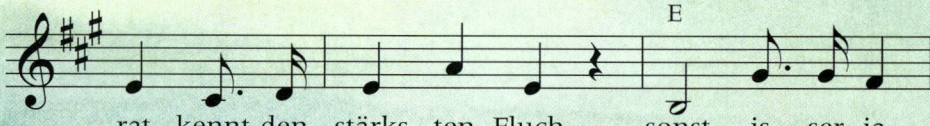

kei - ner, und wenn er mal nicht flucht, dann

flucht sein Pa - pa - gei, der sitzt auf sei - nem Holzbein und

schreit nur Meu - te - rei, ein Pi - rat, ja, ein Pi - rat.

Unter vollen Segeln auf großer Fahrt

Wie Käpt'n Seebär immer den richtigen Weg findet

Die Segel hingen schlaff an den Masten. Nur die kleine schwarze Piratenflagge mit dem Totenkopf und den gekreuzten Knochen flatterte im lauen Wind. Im Wasser schimmerte der Vollmond wie in einem Spiegel, so glatt und ruhig war die See. Die Mannschaft schlief. Ab und zu drang ein Schnarchen aus den Kajüten an Deck. Nur der kleine Peter und der Käpt'n waren wach. Sie hielten die Nachtwache an Bord.

Peter fröstelte. Er saß neben dem Käpt'n auf einer großen Kiste, in der Taue verstaut waren. Käpt'n Seebär stand am Ruder und beobachtete den sternenklaren Nachthimmel. Morgen sollten sie in den Hafen von Madagaskar einlaufen, um sich dort mit den anderen Piraten zu treffen. Deshalb musste Seebär noch einige Vorbereitungen treffen. Er rollte seine großen Seekarten aus. »Wie findest du eigentlich immer den richtigen Weg?«, wollte Peter vom Käpt'n wissen. Für ihn war es jedes Mal ein Wunder, dass sie dort ankamen, wo sie hinwollten. Schließlich gab es auf See keine markanten Punkte wie Berge oder große Bäume, an denen man sich orientieren konnte.

Der alte Seebär kratzte sich hinter seinem linken Ohr. Dann holte er seinen Sextanten und seinen Kompass hervor. »Siehst du den hellen Stern dort am Himmel?«, fragte er den Jungen und deutete mit seinem Zeigefinger auf den Stern. »Das ist der Polarstern, der hellste Stern am Firmament«, erklärte er. Peter blickte nach oben. Hunderte Sterne blinkten am Nachthimmel, aber einer leuchtete heller als alle anderen. »Der Polarstern zeigt genau die Richtung zum Nordpol an«, fuhr Seebär fort.

Dann zeigte er dem Schiffsjungen auf der Karte, wo genau der Nordpol eingezeichnet war. Peter blickte auf die Karte, auf der viele Linien und Zahlen verzeichnet waren.

»Reich mir doch mal den Sextanten rüber«, sagte Seebär zu Peter. Peter gab dem Käpt'n das eigenartige Gerät aus Metall: Es hatte eine Art Fernrohr und mehrere Schienen, die wie Lineale aussahen. Der Käpt'n

hielt den Sextanten hoch, blickte durch das Rohr und schrieb etwas auf die Karte. »Mit dem Sextanten können die Seeleute ganz genau ihren Kurs bestimmen. Sie messen dabei den Winkel zwischen dem Polarstern und dem Horizont«, erklärte Seebär und reichte Peter das Messgerät. »Komm, versuch's auch mal!« Peter griff nach dem Sextanten und blickte durch das Rohr. »Du musst den Polarstern durch das Rohr sehen können«, klärte der Käpt'n ihn auf.

»Aber wozu brauchst du den Kompass?«, fragte Peter.

»Den Kompass lege ich auf die Seekarte, dann richtet sich die Kompassnadel genau nach Norden aus. Und dann kann ich die Werte des Sextanten in die Karte eintragen«, sagte der erfahrene Seemann.

»Aber was machst du am Tage, wenn der Polarstern nicht zu sehen ist?«, fragte Peter weiter.

»Da richten wir uns nach der Sonne. Weil die Sonne immer im Osten auf- und im Westen untergeht, können wir die Himmelsrichtungen und damit unseren Kurs feststellen. Und so kommen wir immer ans Ziel.« Peter war froh, dass nicht er den Kurs des Schiffes errechnen musste. Zu viele Dinge mussten beim Navigieren, so nannte der Käpt'n das, beachtet werden. Außerdem war er viel zu müde. Nach vier Stunden Nachtwache kam die Ablösung. Peter kuschelte sich in seine Koje und schlief ein.

Barbara Cratzius

Kurs Südsüdwest

Unterwegs auf dem Ozean, bis zum Horizont nichts als Wasser und darüber der Himmel. Woher wussten die Piraten, wo sie sich gerade befanden? Und wie hielten sie ihr Schiff auf dem richtigen Kurs?

Seeleute brauchten vielerlei Kenntnisse und mussten gut beobachten können. Windrichtung, Meeresströmung, Wetteränderung, den Stand der Sonne und der Sterne, das Verhalten der Seevögel und Fische – das alles und noch viel mehr mussten sie richtig einschätzen und deuten können.

Tagsüber orientierten sich erfahrene Seeleute am Stand der Sonne, nachts am Polarstern. In seiner Nähe ist das Sternbild des Großen Wagen zu sehen. Innerhalb von 24 Stunden dreht sich der Große Wagen einmal um den Polarstern. An der Stellung dieses Sternbildes am Himmel lässt sich die Uhrzeit ziemlich genau bestimmen.

Hilfsmittel, um ein Schiff auf einem festgelegten Kurs zu halten oder einen bestimmten Punkt anzusteuern, gab es im goldenen Zeitalter der Piraterie nur wenige. Das wichtigste Instrument war der Kompass, dessen Nadel immer nach Norden zeigt.

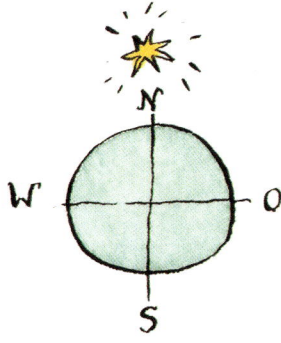

Der Polarstern

Der Polarstern wird auch Nordstern genannt, da er fast genau am nördlichen Himmelspol steht. Er bewegt sich im Laufe einer Nacht scheinbar nicht. Anhand des Polarsterns kann man feststellen, wo Norden ist.

Wertvoller als Gold

Von unschätzbarem Wert waren früher Seekarten, auch wenn sie häufig sehr ungenau
waren. Kapitäne bewahrten ihre Seekarten
und Segelanweisungen in einem Behälter
zusammen mit einem großen Stein auf.
Wurde das Schiff von Piraten überfallen, so
versenkten viele Kapitäne ihre kostbaren
Karten lieber auf dem Meeresboden.
Trotzdem gerieten immer wieder gestoh-
lene Karten in die Hände von Piraten.

Das Kreuz des Südens

Auf der Südhalbkugel der Erde ist der Polarstern
nicht zu sehen. Dafür gibt es aber das Kreuz des
Südens. Mit diesem Sternbild kann der südliche
Himmelspol bestimmt werden.
Das Kreuz des Südens am Südhimmel war für die
Seeleute genauso wichtig wie der Polarstern
am Nordhimmel.

*Wildgänse haben den Wikingern den Seeweg
nach Island gezeigt. Die Wikinger beobachte-
ten den Flug der Wildgänse und ihr Verhalten
genau. Eines Tages sind sie ihnen
einfach nachgesegelt und
entdeckten so
Island.*

Kurs Nordnordwest

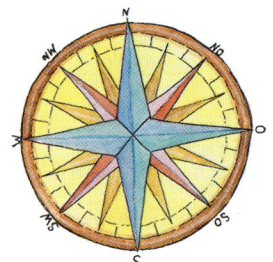

Die Richtung bestimmen

Die Magnetnadel des Kompasses zeigt immer nach Norden. Viele Piraten stellten sich auf See selbst einen Kompass her. Dazu brauchten sie einen Magnetstein. An dem rieben sie eine Nadel und machten sie so magnetisch.

Die Tiefe ausloten

Das Lot ist ein Stück Blei an einer Schnur. Damit kann die Wassertiefe gemessen werden. Mögliche Gefahren unter Wasser, wie Riffe und Sandbänke, kann man damit ausloten.

Die Zeit glasen

Für Seeleute waren die Sanduhren sehr wichtig, um die Zeit zu messen. Sanduhren waren Gläser, die mit einer bestimmten Menge Sand gefüllt waren. Der Sand brauchte eine halbe Stunde, um einmal hindurchzulaufen. Dann wurde eine Schiffsglocke geläutet, die sogenannte Glas-Glocke. Sie sagte den Seeleuten die Uhrzeit an und bestimmte die Wachablösung.

Acht Glasen – also 4 Stunden – dauerte eine Schiffswache.

Die Geschwindigkeit loggen

Das Log ist ein Holzscheit an einer langen Leine mit Knoten in regelmäßigen Abständen.

Um die Geschwindigkeit des Schiffs zu messen, wurde das Log am Schiffsende ins Wasser geworfen und gezählt, wie schnell sich die Knoten abspulten.

Ein Knoten entspricht einer Seemeile pro Stunde. Eine Seemeile ist 1,85 Kilometer lang. Noch heute wird die Geschwindigkeit von Schiffen in Knoten gemessen.

Das Kompass-Experiment

Einen schwimmenden Kompass kannst du dir selbst basteln.

Das wird gebraucht:
- *Magnet*
- *große Nadel*
- *Schale Wasser*
- *Stück Korken*
- *Knete oder doppelseitiges Klebeband*

Dazu brauchst du einen Magneten und eine große Nadel. Die Nadel wird öfters über den Magneten gestrichen, und zwar immer in derselben Richtung.

Außer der so magnetisierten Nadel brauchst du noch eine Schale mit Wasser, ein Stück Korken und etwas Knete oder doppelseitiges Klebeband, um die Nadel auf dem Korkenstück zu befestigen. Setze den Korken mit der Nadel ins Wasser.

Schon gewusst?

Navigation heißt die Wissenschaft, mit deren Hilfe man auf See einen gewählten Kurs halten kann. Und mit welcher der Standort eines Schiffs auf dem Wasser bestimmt wird.
Früher hatte man zum Navigieren – also zum Steuern eines Schiffs – nur sehr einfache Instrumente.

Flaschenpost und Buddelschiffe

Du kannst eine Nachricht oder einen Brief in eine leere Flasche stecken, sie fest verkorken und auf große Reise schicken. Vielleicht bekommst du ja sogar eine Antwort auf deine Flaschenpost.

Für ein Buddelschiff brauchst du ein Glas mit einer größeren Öffnung, zum Beispiel ein ausgewaschenes Marmeladenglas. Bemale eine Seite innen mit blauer Wasserfarbe. Lass sie trocknen und gib dann etwas Sand ins Glas. Du kannst dein Buddelschiff mit einem kleinen Spielzeugschiff und Fundstücken vom Strand füllen: Muscheln, Schneckenhäusern, Steinen, Stöckchen …

Der betrunkene Seemann

Text: Klaus Neuhaus
Melodie: alter engl. Shanty

Vors.

1. Wo bleibt denn nur der be - trun - ke - ne See-mann,
2. Wir we - cken ihn mit lau - tem Pfei - fen,
3. Wir we - cken ihn mit der Schiffs - si - re - ne,
4. Wir we - cken ihn mit 'nem Ei - mer Was - ser,

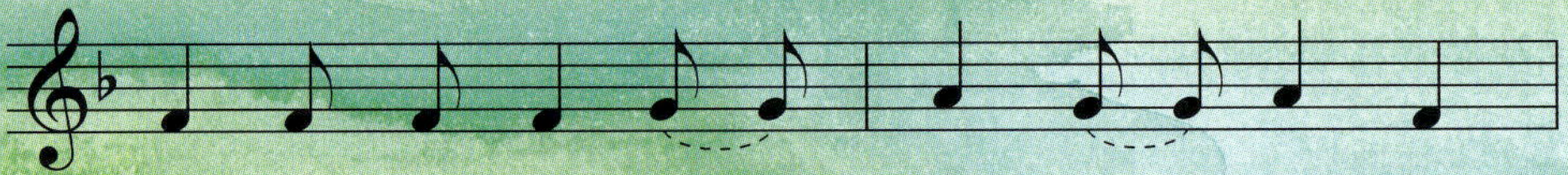

wo bleibt denn nur der be - trun - ke - ne See-mann,
wir we - cken ihn mit lau - tem Pfei - fen,
wir we - cken ihn mit der Schiffs - si - re - ne,
wir we - cken ihn mit 'nem Ei - mer Was - ser,

wo bleibt denn nur der be - trun - ke - ne See-mann,
wir we - cken ihn mit lau - tem Pfei - fen
wir we - cken ihn mit der Schiffs - si - re - ne
wir we - cken ihn mit 'nem Ei - mer Was - ser

schläft er früh am Mor - gen?
schon am frü - hen Mor - gen.
schon am frü - hen Mor - gen.
schon am frü - hen Mor - gen.

Chor

1.–4. Hur - ray und hoch die Se - gel,

hur - ray und hoch die Se - gel, hur - ray und

hoch die Se - gel schon am frü - hen Mor - gen.

Shanty

Shanty (sprich: Schäntie) nennt man die Lieder, die Seeleute früher bei ihrer Arbeit gesungen haben, zum Beispiel beim Einholen der schweren Ankerkette oder bei schwierigen Segelmanövern, wenn alle mit anpacken mussten.

Der Shanty-Man – meist ein älterer, erfahrener Seemann – gab mit seiner kräftigen Stimme den Takt vor.

Auf Schatzsuche

Die Flaschenpost

Stell dir mal vor, du bist eine Flasche. Du stehst herum und wartest darauf, gekauft zu werden.

Dann geht die Tür auf, ein Seeräuber betritt den Laden und nimmt dich mit.

Dazu gehört natürlich ein bisschen Glück, denn nicht viele Flaschen werden von Seeräubern gekauft.

Der Seeräuber nimmt dich mit an Bord, holt den Anker ein und segelt mit dir fort. Ihr geratet in einen Sturm, der Hauptmast bricht, das Schiff zerschellt an einem Felsen und geht unter.

Du rettest dich mit dem Seeräuber auf eine kleine unbewohnte Insel. Der Seeräuber trinkt dich aus. Aber nicht aus Verzweiflung. Er braucht dich für eine Flaschenpost.

Er schreibt ein paar Zeilen an seine Mutter, steckt den Brief in dich hinein und wirft dich zurück ins Meer.

Du schwimmst auf dem kürzesten Weg nach Hause zu seiner Mutter, die schon sehnsüchtig auf Post von ihrem Seeräubersohn wartet.

Sie liest den Brief und fährt sofort los, um ihren Sohn von der einsamen Insel zu retten.

Aus Dankbarkeit baut der Seeräuber ein kleines Segelschiff, das genau in dich hineinpasst. Das schenkt er seiner Mutter zum Geburtstag, die sich sehr darüber freut.

Ja, so aufregend kann das Leben sein! Aber nur wenn du eine Flasche bist oder ein Seeräuber oder die Mutter von einem Seeräuber.

Helme Heine

Von Schatzkarten und Schätzen

Wer träumt nicht davon, auf einem alten Speicher in einem uralten Koffer eine zerknitterte Schatzkarte zu finden, den Schatz zu heben und steinreich zu werden?

Immer wieder wird von Schätzen berichtet, die Piraten auf einer einsamen Insel vergraben oder in einer Höhle versteckt haben. Auf Schatzkarten verzeichneten sie die Lage des Fundorts und den Weg, der zum geheimen Versteck führt. So wollten sie später ihre Schätze wiederfinden. Doch nicht immer gelang ihnen das.
Auch im Meer liegen zahlreiche Schätze. Viele schwer beladene Handelsschiffe, Galeonen mit Goldschätzen an Bord, aber auch Piratenschiffe mit Beuteschätzen haben den sicheren Hafen nie erreicht. Stürme, Korallenriffe und sogar Eisberge brachten sie zum Sinken. Die wertvolle Fracht landete auf dem Meeresboden.

Backenbarts Schatzsuche

Verflixt noch mal! Backenbarts Schiff ist vor einer einsamen Insel gestrandet. Wohin führen die merkwürdigen Spuren im Sand? Die Schatzkarte kann weiterhelfen, aber leider ist sie verschlüsselt.

Schatzinsel-Schatzkarte

Piraten-Jo hat einen Plan von Käpt'n Hooks Schatzinsel gefunden. Der berühmte Pirat war Engländer. Die Angaben auf seiner Karte sind natürlich in Englisch.

Wie kommt Piraten-Jo zum vergrabenen Schatz, den 13 Kisten voll Gold? Weißt du auch, in welcher Bucht Piraten-Jo an Land gehen muss?

Kleiner Englischkurs für Piraten:

Rock = Felsen
Pond = Teich
Box = Kiste
Coconut-Tree = Kokospalme
East = Osten
Feet = Füße (englisches Längenmaß)
Shark Bay = Haifischbucht

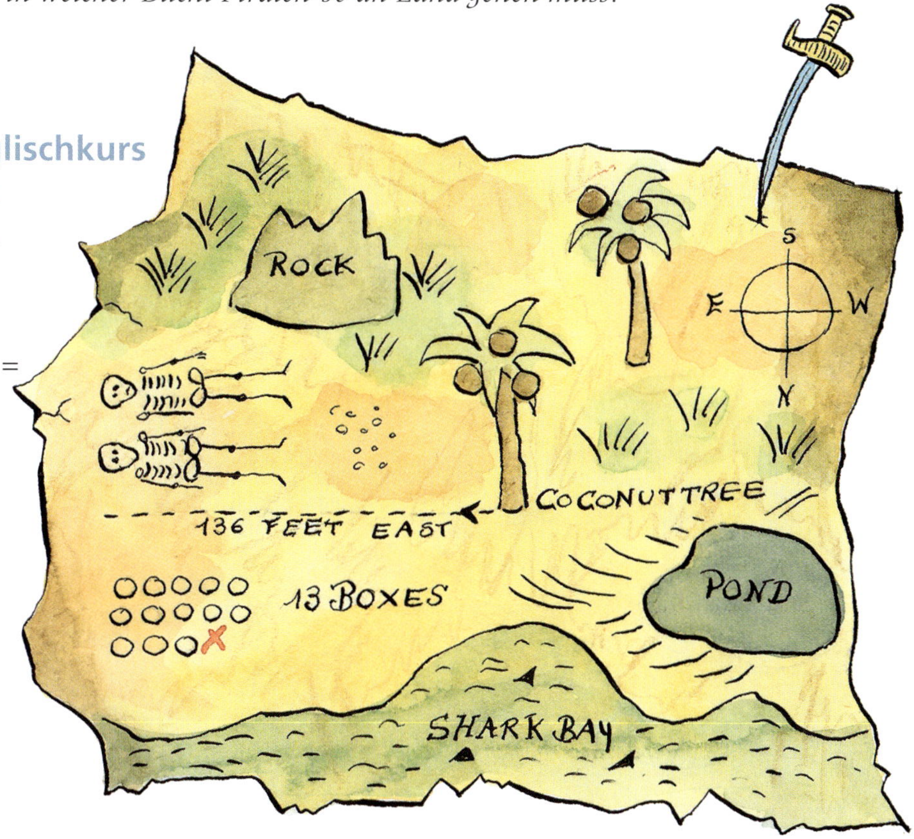

Schatzkarten-Schatzsuche

Auf Schatzsuche zu gehen macht unheimlich viel Spaß. Alles, was du dazu brauchst, ist ein »Schatz«, ein paar Freunde, die ihn suchen, und eine Schatzkarte.

Verstecke deinen Schatz irgendwo draußen. Schau dir den Platz und die Umgebung genau an. Verzeichne alles auf einem Schatzplan: Ausgangspunkt, Fundort sowie auffällige Punkte, die dorthin führen.

Die »uralte« Schatzkarte

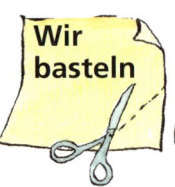

Wir basteln

Das wird gebraucht:
- *großes Stück festes Papier (z. B. ein Tapetenrest)*
- *feuchter Teebeutel*
- *Salatöl*
- *Kerze*
- *Stifte, Pinsel und Farben*

Betupfe das Papier mit einem feuchten Teebeutel, bis es braun und fleckig ist.

Streiche eine dünne Schicht Salatöl auf das getrocknete Papier.

Bitte einen Erwachsenen, die Papierränder über einer brennenden Kerze etwas anzukokeln.

Wisch die Ölreste mit einem trockenen Lappen ab.

Male den Lageplan des Schatzes auf die Karte.

Vergiss die Windrose nicht, die auf der Karte die vier Himmelsrichtungen anzeigt.

Etwas verknittert und abgegriffen sieht die Karte sogar noch besser aus.

Und jetzt, auf zur Schatzsuche!

Seeräuberkanon

Text: Robert Louis Stevenson
Melodie: Christian Lahusen

Kanon zu vier Stimmen

Sieb - zehn Mann auf des to - ten Manns Kis - te,

ho ho ho, und ein Bud - del mit Rum:

Schnaps stand stets auf der Höl - len - fahrts - lis - te,

ho ho ho, und ein Bud - del mit Rum.

Das Geheimnis der Kokosinsel

»Dass es verborgene Schätze auf der Kokosinsel gibt, ist erwiesen und seit vielen Jahren den Einwohnern von Costa Rica bekannt ...« So steht es in einem Handbuch des britischen Außenministeriums aus dem Jahr 1920 geschrieben.

Als Schatzinsel ist die Kokosinsel bestens geeignet. Steil hebt sich die Insel aus dem Meer empor. Nur in zwei kleinen Buchten besteht die Möglichkeit, an Land zu gehen. Direkt hinter dem schmalen Sandstrand beginnt fast undurchdringlicher Dschungel. Das Klima auf der Insel ist tropisch – heiß und sehr feucht.

Piraten legten gerne an der Kokosinsel an, um ihre Vorräte an Trinkwasser und Kokosnüssen aufzufrischen. Kokosnussbäume wachsen auf der Kokosinsel im Überfluss. Daher hat sie auch ihren Namen.

Wie viel die hier vergrabenen Schätze wert sind, vermag niemand zu schätzen. Doch immer wieder werden Schatzsucher und Abenteurer von der Insel magisch angezogen.

Einer der Schätze, die man auf der Kokosinsel vermutet, stammt von dem Piratenkapitän Edward Davis. Von seinem Schiff hieß es: »Im Bauch hatte es Kisten mit Gold geladen, im Zwischendeck funkelten die Edelsteine.«

Ein weiterer Schatz soll dem berüchtigten Piraten Benito Bonito gehört haben und heute mehr als 20 Millionen Euro wert sein.

Der größte Schatz, der auf der Insel vermutet wird, ist jedoch der sagenhafte Goldschatz von Lima, der seit fast zweihundert Jahren verschollen ist. In Lima wurde damals das Gold und Silber Südamerikas gesammelt, bevor es nach Europa verschifft wurde. Als das Leben für die Spanier dort unsicher wurde, versuchte der Vizekönig von Lima seine riesigen Schätze zu retten. Doch seine Feinde rückten schneller näher als erwartet.

Die »Mary Dear« war das einzige Schiff, das zu dieser Zeit im Hafen lag.

Der Vizekönig brachte seine Schätze an Bord des Schiffes. Mit dem Kapitän vereinbarte er, das Schiff solle so lange vor der Küste kreuzen, bis die Gefahr vorüber sei.

Die Versuchung, den Schatz zu stehlen, war zu groß für den Kapitän Jack Thomas. Er ließ alle Bewacher des Schatzes töten und nahm Kurs auf die Kokosinsel. Dort vergrub er den Schatz.

Jack Thomas, der Schatzräuber, kam nie wieder auf die Insel zurück. Da die beraubten Spanier überall nach ihm suchten, war er ständig auf der Flucht. Als er starb, erzählte er seinem Freund John Keating seine Geschichte und schenkte ihm die Schatzkarte mit den Angaben, wo der Schatz zu finden sei.

John Keating fand den Schatz angeblich ohne Schwierigkeiten. Er sei in einer großen Höhle gewesen: mehrere Kisten voll mit Gold, Silber, Edelsteinen, kostbarem Schmuck und wertvollen Waffen. Eine lebensgroße Heiligenfigur aus purem Gold sei auch dabei gewesen. Doch John Keating bekam Ärger mit seiner Mannschaft und musste mit einem kleinen Boot fliehen. Er packte Nahrung, Wasser und so viel des Schatzes wie möglich in das Boot. Dann machte er sich auf den Weg nach Panama. Der Schatzsucher beendete sein Leben als reicher Mann.

Die Schatzkarte wanderte weiter. Wie viele der Schätze bereits gefunden wurden, weiß niemand. Schatzsucher zieht es immer noch auf die Kokosinsel.

Neun schreckliche Piraten

Neun schreckliche Piraten,
die hatten eine Jacht.
Nur einer fuhr im Ruderboot,
da waren's nur noch acht.

Acht schreckliche Piraten,
die haben's Brüllen übertrieben.
Einer kriegt 'nen Frosch im Hals,
da waren's nur noch sieben.

Sieben schreckliche Piraten,
die aßen Haferkeks.
Und einer tritt in Hungerstreik,
da waren's nur noch sechs.

Sechs schreckliche Piraten,
die wurden oft geschimpft.
Einer hat darum geweint,
da waren's nur noch fünf.

Fünf schreckliche Piraten,
das Meer war ihr Revier.
Nur einer liebte mehr den Wald,
da waren's nur noch vier.

Vier schreckliche Piraten,
die fühlten sich so frei.

Nur einer kam dann ohne Hemd,
da waren's nur noch drei.

Drei schreckliche Piraten,
die zählten nie bis drei.
Denn könnten sie's,
  dann wüssten sie,
sie sind jetzt nur noch zwei.

Zwei schreckliche Piraten,
die waren so gemein.
Der eine lacht' den andern aus,
da war er ganz allein.

Ein schrecklicher Pirat,
der war jetzt so allein.
Da nahm er sich 'nen großen Topf
und kocht ein Süppelein.

Das haben die andern Piraten
natürlich sofort gerochen.
Die Suppe schmeckt' ihnen sehr
  fein
und als Letztes traf mit Ruderboot
auch noch der Neunte ein.

Bernd Kohlhepp

Piratenschiff entdeckt

Einst war die »Merchant Jamaica« ein stolzes Piratenschiff mit 30 Kanonen an Bord. In den Schlupfwinkeln der Karibik lauerte es auf fette Beute, vor allem dickbauchige Galeonen, die Gold und Silber aus Südamerika nach Spanien brachten. Vor der Südküste Haitis lief das Piratenschiff auf ein Riff und sank.

Rund 350 Jahre ruhten die zerschlagenen Überreste der »Merchant Jamaica« und ihre Schätze in einem Korallenriff verstreut am Meeresboden. Erst im Sommer des Jahres 2001 wurde das Wrack von einem deutschen Forschungsteam entdeckt. Mit modernster Technik gingen die Forscher auf Schatzsuche. Sie setzen Ultraschallgeräte und Computerkameras ein. Ein Magnetometer half, die metallenen Gegenstände aufzuspüren und deren Größe zu bestimmen. So fand man den Anker und die Kanonen des Schiffes. Der hölzerne Rumpf war längst zerfallen. Auch einige der Schätze konnten bereits von Tauchern geborgen werden.

Die »Merchant Jamaica« soll zur Flotte des Piraten und Freibeuters Sir Henry Morgan gehört haben. Er war zur damaligen Zeit der gefürchtetste Pirat der Südsee. Der englische König Charles der Zweite hatte ihn zum Ritter geschlagen, weil er gegen die Spanier kämpfte und ihre Kolonien plünderte. Auf den Bahamas soll er zahlreiche Schätze vergraben haben.

Seemannsgarn

Das wilde Leben der Piraten

Früh am Morgen steht Käpt'n Blaubär in der Tür. Er hält den Besen in einer Tatze. In der andern einen Eimer.

»So, Kinders!«, ruft er. »Heute seid ihr mal dran. Kombüse fegen. Klar Schiff machen.«

Es ist ja auch ein wildes Durcheinander, wenn man sich das mal anguckt: Da steht noch ein Eimer, in dem sich die Reste des Achten Weltmeeres befinden sollen, da liegt noch ein echter Zacken von Neptuns Krone rum, da liegt das Wundergewehr mit den dreiundzwanzig Läufen auf dem Sofa. Da gehört das bestimmt nicht hin. Und über der Tür hängt das Elch-O-Fon, ein verbeultes Nebelhorn, mit dem man Elche anlocken kann, wenn man mal einen braucht, um notfalls auf dem Landweg irgendwo hinzukommen. Da muss wirklich mal aufgeräumt werden. Da sind die Bärchen aber gar nicht begeistert.

»Kombüse fegen?« Das rote Bärchen guckt schon ganz beleidigt. »Bei dir piept's wohl. Kombüse fegen!«

Auch das gelbe Bärchen wirft sich in die Brust: »Du weißt wohl gar nicht, mit wem du es hier zu tun hast.«

»Wir sind nämlich die Piraten des Satans«, erklärt das rote Bärchen feierlich. »Der Schrecken der sieben Weltmeere.«

Und genau so sehen sie auch aus. Die Bärchen haben sich aus alten Zeitungen, die überall rumliegen, Piratenhüte gefaltet. Das rote Bärchen trägt sogar eine zünftige schwarze Augenklappe. Und alle haben sie kleine Krummsäbel und Schwerter aus Sperrholz, wie es sich für junge Piraten gehört. Damit fuchteln sie Opa mal ein bisschen vor seiner dicken Nase rum. Damit der auch merkt, mit wem er es überhaupt zu tun hat.

Aber Opa scheint gar nicht beeindruckt zu sein. »Ihr wollt Piraten sein?«, fragt er und steckt sich erst mal in Ruhe seine Piep an. »Ihr wollt

Piraten sein? So, so … Habt ihr denn überhaupt einen Piratenschein?«
»Piratenschein?«, fragen die Bärchen wie aus einem einzigen Bärenmaul.
Opa zieht gemütlich an seiner Pfeife. »Was glaubt ihr denn? Dachtet ihr
etwa, dass man sich einfach nur so 'nen komischen Hut aufsetzen
muss, vielleicht noch 'ne Augenklappe, und schon wär man Pirat? So
einfach ist das nicht. Dafür braucht man schon einen Piratenschein.«
Tja, da staunen die Bärchen. Daran hätten sie überhaupt nicht gedacht,
drucksen sie rum. Davon hätten sie noch nie gehört. Und nun wollen
sie wissen, ob das denn tatsächlich gesetzlich so verankert sei.
»Aber hallo!«, trumpft Käpt'n Blaubär auf. »Verankert ist das, und wie
das verankert ist. Ich muss es ja wissen. Schließlich war ich selber amt-
lich geprüfter Piratenausbilder.«
»Du?«, fragen die Bärchen alle gleichzeitig. »Du?«
»Klar!« Opa zieht wieder an seiner Pfeife. »Einer muss es ja machen.«
Da sind die Bärchen still.
Sie überlegen. Wenn das so ist … Und dann fragen sie, ob er dann nicht
auch richtige Piraten aus ihnen machen könnte.
»Ja, bilde uns doch aus!«, rufen sie. »Wenn du das so gut kannst.«
Opa überlegt. »Tja, da bin ich mir nicht so sicher. Ihr erinnert mich
nämlich stark an drei so junge Bärchen, die mal bei mir den Piraten-
schein machen wollten. Die dachten auch: Säbel gezückt, Augenklappe
auf und schon wird das nächste Schiff geentert. Aber so läuft das nicht.
Das waren ziemliche Grünschnäbel. Bei denen musste ich ganz von

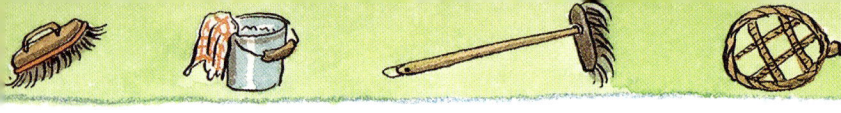

vorne anfangen. Die hatten einfach keine Ahnung. Also, die erste Lektion, die ich denen beigebracht habe, war: Kombüse fegen. Eine saubere Kombüse ist das A und O eines ordentlichen Piratenschiffs. Das passte den jungen Lehrlingen natürlich gar nicht. Die zweite Lektion war Geschirrspülen und Abtrocknen. Eine der wichtigsten Grundlagen des Piratenlebens …«

»Spülen und Abtrocknen?«, unterbricht das rote Bärchen sofort und schüttelt heftig den Kopf.

Auch das gelbe Bärchen hat da starke Zweifel. Es dachte nämlich immer, Piraten äßen einfach mit den nackten Tatzen. Ist ja auch viel praktischer so. Besonders wenn man Pommes frites isst. »Und Pommes frites essen wir sowieso am liebsten!«, ruft das gelbe gefährliche Bärchen mit dem schneidigen schwarzen Piratenhut, der bestimmt zwei Nummern zu groß ist.

»Genau!«, sagt das grüne Bärchen. »Und wenn die Piraten ausnahmsweise keine Pommes frites essen, sondern Fleisch, dann schmeißen sie die Knochen einfach hinter sich und benehmen sich insgesamt wie die Meeresferkel.«

»Papperlapapp!«, fährt Käpt'n Blaubär dazwischen. »Mit so 'ner Einstellung kriegt man nie den Piratenschein.«

Hm, die Bärchen wissen nicht, was sie da noch sagen sollen.

»Als Nächstes waren Staubwischen und Teppichklopfen dran!«, erklärt Opa weiter. »Ein Piratenschiff mit Dreck in den Ritzen ist eine Schande für die ganze Branche. Und dann ging's los. Dann ging es ans Flaggebügeln und Ankerpolieren. Eine knitterfreie Flagge und ein glänzender Anker sind …«

»… das A und O eines ordentlichen Piratenschiffs!«, stöhnt das rote Bärchen.

»Schon gut!« Das grüne Bärchen winkt ab.

»Schon verstanden, Opa«, seufzt das gelbe. »Unter diesen Umständen verzichten wir dankend auf den Piratenschein.«

Und schon trollen sich die kleinen Bärchen. Sie maulen noch ein bisschen vor sich hin und stöhnen: »Abtrocknen, nein danke!« – »Staubwischen!« – »Flaggebügeln!« – »Ankerpolieren!« – »So was aber auch!«

»Tja, genau so haben meine kleinen Lehrlinge damals auch reagiert«, sagt Opa, als sich die Bärchen gerade aus der Tür trollen wollen. »Die wollten auch gleich alles hinschmeißen, als es ein bisschen unangenehm wurde. Ausgerechnet in dem Moment, als es erst so richtig lustig werden sollte.«

Die Bärchen stutzen und bleiben noch mal in der Tür stehen.

»Jetzt sollte nämlich erst der wirklich gute Teil der Ausbildung kommen«, verkündet Opa.

Oh, da überlegen die Bärchen noch mal und schleichen sich langsam wieder zurück in Opas Nähe.

»Was denn?«

»Was denn?«

»Was denn?«

»Zum Beispiel Piratenlieder singen!« Und schon fängt Opa an zu grölen: »Dreizehn Bär'n auf des Holländers Kiste, joho, joho, joho, die hatten Bärte, joho, joho, joho, ich sag euch, das war echt die Härte, joho, joho, joho!«

»Aha!«, rufen die Bärchen.

»Oder Entern im freien Flug nach der Tarzan-Methode, Schätze finden für Fortgeschrittene, Beute versteuern, tausend illegale Steuertricks, das A und O des Halsabschneidens, geheime Schatzkarten entziffern, Spuren lesen leicht gemacht, Ungeheuer bekämpfen unter besonderer Berücksichtigung von dreiundsiebzigarmigen Kraken, Kanonen abfeuern für Anfänger …«

»Aha, aha, aha!«, rufen die Bärchen. Das käme ihren Vorstellungen schon etwas näher, weiter so.

»Tja, das haben die drei sich damals auch gesagt. Beim Klabautermann! Und dann haben sie doch noch den Piratenschein gemacht. Alle drei. Und alle drei sind sie dann auch gestandene Piraten geworden. Die Piraten des Satans nannte man sie, den Schrecken der sieben Meere.«

»Ja, ja, ja!«, rufen die Bärchen dreistimmig, genau das wollten sie auch werden, Piraten des Satans, genau das wollten sie auch, genau, genau, genau.

»Können wir nicht doch noch den Piratenschein machen?«, fragt das rote Bärchen.

Auch die andern nicken schon: Ja! Ja!

Doch Opa schüttelt nur langsam den Kopf: »Tja, ich weiß nicht so recht.«

»Och, Opi!«, betteln sie alle drei.

»Bitte!«

»Bitte!«

»Bitte!«

»Nun ja, wir können es ja mal probieren«, lenkt Opa ein, »aber ihr wisst, es ist ein hartes Brot. Und die erste Lektion heißt: Kombüse fegen!« Und Opa hält ihnen gleich wieder den Besen und den Eimer hin. Tja. Die Bärchen fegen. Opa geht und aus dem Nebenzimmer ruft er noch, dass als Nächstes das Geschirr dran wäre. »Und außerdem«, kommandiert er, »müsst ihr meine Taschentücher bügeln, die Peruanischen Lamafische füttern, meinen Gummibaum gießen und ihr sollt euch endlich was Warmes über die Tatzen ziehen, wenn ihr immer nur bartatzig rumlauft, erkältet ihr euch nachher noch!«

Und, und, und. Die Bärchen fegen. Man hört sie leise dabei stöhnen: »Der hat uns reingelegt, der Alte«, flüstert das gelbe Bärchen. Und sie schimpfen auf den alten Lügenbär. »Na warte«, schnaubt das rote.

»Das war noch nicht der letzte Streich«, brummt das grüne Bärchen.

»Nein«, sagt das gelbe, »wir werden dem schon noch zeigen, was die Piraten des Satans alles draufhaben.«

Bernhard Lassahn

Von Monstern, Meerjungfrauen und Einhörnern

Auch Piraten waren nicht immer unerschrocken und furchtlos. Sie hatten auch Angst, dass ihnen auf See etwas Schlimmes zustoßen könnte. Und diese Furcht war nicht unberechtigt.

In der scheinbar unendlichen Weite der Ozeane erschien ein großes Segelschiff wie eine kleine Nussschale. Fürchterliche Stürme schüttelten das Schiff, haushohe Wellen bauten sich davor auf, Nebel und Wolken ließen Himmel und Erde verschwinden und die unglaubliche Tiefe des Meeres drohte alles zu verschlingen.

Den Naturgewalten waren die Schiffe damals recht schutzlos ausgeliefert. Die Seeleute hielten sie manchmal für den Angriff böser Mächte und Geister. Kein Wunder, dass sie auch an Kobolde, Nixen, Wassergeister und Meeresmonster glaubten.

Piraten und andere Seefahrer erzählten oft von haarsträubenden Erlebnissen und Abenteuern. Alles nur erfunden? Natürlich spinnen Seeleute gerne Seemannsgarn, das heißt, sie erzählen Geschichten, die stark übertrieben oder sogar erfunden sind. Doch viele dieser Erzählungen haben zumindest einen wahren Kern. Und die sagenhaften Fabelwesen einen Bezug zu tatsächlich lebenden Tieren oder ungewöhnlichen Erscheinungen.

Schon die ersten Seefahrer malten an den Bug ihrer Schiffe ein Auge, um böse Geister abzuwehren.

Das Einhorn

Von Meeresungeheuern mit einem riesigen Horn auf dem Kopf wurde gerne in Hafen-Spelunken erzählt. Es wurde berichtet, dass sie Schiffe angegriffen und aufgeschlitzt hätten.

Manchmal wurde solch ein Einhorn sogar zum Verkauf angeboten. Es war aus Elfenbein, gedreht wie eine Schraube und größer als ein Mann. Natürlich hatte solch eine Kostbarkeit ihren Preis. Das Gewicht wurde mit der doppelten Menge an Gold aufgewogen.

Das beschriebene Einhorn ist der Stoßzahn eines Narwals. Er benutzt seinen Stoßzahn zwar auch als Waffe, kämpft damit aber nur gegen andere Narwale.

Die Meerjungfrauen

Man erzählte, der Gesang der Sirenen könne Seeleute in den Wahnsinn treiben. Angeblich beherrschten diese Fabelwesen auch die Winde und konnten Stürme entfesseln.

Die Märchen und Sagen über Sirenen und Meerjungfrauen sind sehr alt. Ihr Vorbild in der Natur sind die harmlosen Seekühe. Tierforscher nennen die Tierfamilie der Seekühe auch Sirenen. Seekühe fressen Meerespflanzen – so wie unsere Kühe Gras auf der Wiese.

Seekühe sonnen sich gerne auf Sandbänken. Ihr langer, schwerer Körper, der in einem Fischschwanz endet, liegt dann häufig ausgestreckt auf der Seite. Die länglichen Vorderflossen ähneln kurzen Armen. So aus der Ferne, mit ein wenig Fantasie, kann man sie schon für Meerjungfrauen halten – etwas schwergewichtige allerdings.

Monster aus der Tiefe

Riesentintenfische, die Schiffe umschlingen und in die Tiefe reißen – das ist Seemannsgarn, das auf der ganzen Welt immer wieder gern gesponnen wurde. Auch die Geschichten von Riesenkraken, die auf der Suche nach Fressbarem ihre Fangarme durch die Luken ins Schiffsinnere schieben, gehören dazu. Was sie einmal gepackt hatten, das war verloren, sagten Seeleute. Es sei denn, der Fangarm konnte mit einer Axt abgeschlagen werden.

Bei diesen Monstern handelt es sich um Riesenkalmare. Sie leben in der Tiefe der Tiefsee und kommen eigentlich nicht an die Meeresoberfläche. Schon ihr Körper kann eine Größe von 8 Metern erreichen und ihre 10 Fangarme werden bis zu 14 Meter lang. Auch die Augen dieser Tiefseeriesen sind gigantisch groß, sie haben einen Durchmesser von 40 Zentimetern.

Über die Riesenkalmare weiß man nicht sehr viel, da bis heute niemand so tief tauchen konnte.

Tintenfische sind keine Fische, sondern Kopffüßler. Das Auffälligste an ihnen sind die Tentakel – lange, mit Saugnäpfen ausgerüstete Fangarme. Mit diesen Saugnäpfen können die Tintenfische nicht nur tasten, sondern sich auch gut festhalten. Bei Gefahr sondern sie eine dunkelbraune Flüssigkeit ab, die das Wasser verdunkelt und sie verbirgt.

Schon gewusst?

Tintenfisch im Wasserglas

Gib ein paar Tropfen Tinte oder wasserlösliche Farbe in ein Glas mit Wasser und schau, was passiert. Wie ein flinker Tintenfisch wirbelt die Farbe durchs Wasser und verdunkelt es immer mehr. Du kannst das Experiment auch mit mehreren Farben ausprobieren. Was passiert mit den Farben?

Von Geisterschiffen und Schiffskobolden

Der Fliegende Holländer

Aus dichtem Nebel oder aus dem Dunkel der Nacht tauchte urplötzlich ein Schiff unter vollen Segeln auf. Ein Zusammenstoß schien unvermeidlich. Doch dann löste das Schiff sich in nichts auf – ein Geisterschiff.

An Bord eines Geisterschiffs soll es absolut still und unheimlich sein. Obwohl Geisterschiffe andere Schiffe nicht angriffen, löste allein ihr Anblick Panik aus. Auch die wildesten Kerle schlotterten vor Entsetzen.

*»Der Fliegende Holländer«
ist das berühmteste Geisterschiff.
Es heißt, das Schiff und
seine Mannschaft seien dazu
verdammt, auf ewig über
die Meere zu kreuzen,
weil sein Kapitän ein
grausamer und ruheloser
Mensch war.*

Der Fliegende Holländer

Es woget die See, es brauset das Meer,
Hoch türmen sich Wogen auf Wogen.
Dort aus der Ferne so graus und hehr
Kommt ein schwarzes Schiff gezogen.
Es regt sich auf Deck nicht Maus oder Mann
Es schwimmt auf dem Meere und nirgends legt's an.

Die Sterne des Himmels leuchten so hell
Durch Tauwerk, Segel und Masten.
Es segelt bald langsam, es segelt bald schnell,
Als dürft' es nicht ruhen, nicht rasten.
Ein Totenkopf in dem Segel steht!

Es eilen die Schiffe aus seinem Bereich;
Denn sein Anblick bringt Tod und Verderben.
Der mutigste Seemann wird starr und bleich
Und betet, um selig zu sterben.
So schwimmt das Schiff kreuz und quer
Viel Hundert Jahre auf dem Meer.

Der Fliegende Holländer wird es genannt,
Es ist mit dem Fluche behandet.
Als herrliches Schiff ging es einst aus dem Land
Und ist seitdem nicht mehr gelandet.

Th. Fathschild

Der Klabautermann

Vor allem die Seefahrer der Nordsee und der Ostsee
glaubten an den Klabautermann, einen Schiffs-
kobold mit roten Haaren und einem Hämmer-
chen in der Hand. Als Kobold spielte er den
Seeleuten angeblich gerne Streiche. Norma-
lerweise war er unsichtbar, wurde er gesehen,
so brachte das Unglück.
Jahrhundertelang soll der Klabautermann
die Seeleute auf ihren Reisen begleitet
haben. Mit dem Ende der Segel-
schifffahrt verschwand
auch der Klabauter-
mann.

Hei, wie tanzt der Klabautermann

Zur Melodie von »Es tanzt
ein Bi-Ba-Butzemann« können
die Kinder »Hei, wie tanzt der
Klabautermann auf unserm Schiff
herum, widibum ...« singen.
Der Klabautermann kann besonders
gut klettern, aber auf dem Boden hat
er eine merkwürdige Art sich fortzu-
bewegen – ähnlich wie ein Affe.

Der Seeräuber

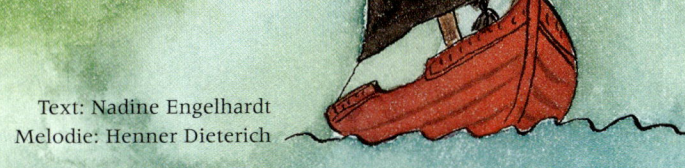

Text: Nadine Engelhardt
Melodie: Henner Dieterich

Fm F° Fm F° Fm Db

Hou! he! hou, he, hou,he,hou, he, hou, he! Ein

C⁷ Fm C⁷ Fm

See - räu-ber bin ich, groß und grim-mig,

Bbm Fm G⁷ C *Pfiff*

schwarz ist mein Se - gel, schwarz wie die Nacht.

C⁷ Fm Bbm Fm *Fine*

Ja, Käp - ten, da nimm dich in Acht!

C⁷ Fm C⁷ Fm

Rot ist mein Schiff, rot wie dein Blut.

C⁷ Db C

Käp - ten, ver - lässt dich der Mut?

H° Bbm⁶ Fm H° Bbm⁶ Fm

Rot ist mein Schiff, rot wie dein Blut.

C⁷ Fm Bbm Fm *d. c. al fine*

Ja, Käp - ten, da ver - lässt dich der Mut!

Piratenparty –
Die wilden Kerle feiern

Schwarzbarts größter Kampf

Käpt'n Schwarzbart war ein berühmter
Piratenkapitän. Dabei war er kaum größer
als ein Kind und sein schwarzer Backenbart nur
angeklebt – aber das wusste natürlich niemand. Auch ein gefürchteter
Pirat hat so sein Geheimnis, das er lieber niemandem erzählt.

Also, kurz gesagt, Käpt'n Schwarzbart verbreitete Angst und Schrecken
auf allen Meeren. Es genügte schon, seinen Namen zu nennen oder zu
flüstern: »Du-weißt-schon-wer«, und alle ordentlichen Seeleute zitter-
ten wie Wackelpudding. Darauf war Käpt'n Schwarzbart natürlich
mächtig stolz.

Das Schiff von Käpt'n Schwarzbart – die Donna Anna – war ein super-
schnelles Piratensegelschiff mit 6 großen Kanonen an Bord. Am liebsten stand der Käpt'n auf der Kommandobrücke der Donna Anna und
ließ sich den Wind um die Nase wehen. Doch heute lag er ausnahmsweise in seiner Kajüte in der Hängematte und machte ein Nickerchen,
während Jojo das Schiff steuerte.

Jojo, der Steuermann, war eigentlich ein Mädchen, aber das wusste
nur Schwarzbart. Und der konnte schweigen wie ein Seemannsgrab.
Jojo sah aus wie ein Pirat, konnte kämpfen wie ein Pirat und
war ein guter Steuermann, das schätzte Käpt'n Schwarzbart
sehr. Und so ein kleines Geheimnis hat ja
schließlich jeder.

Jojo steuerte also die Donna Anna durch die stürmische See, als der lange Pit hoch oben im Krähennest plötzlich schrie: »Siff voraus!« Das bedeutete natürlich »Schiff voraus«. Der lange Pit lispelte leider schrecklich. Aber das wusste jeder an Bord und es machte eigentlich nichts. Immerhin hatte Pit den Super-Adler-Scharfblick und den hat ja bekanntlich auch nicht jeder.

»Alle Mann an die Kanonen und Feuer aus allen Ohren!« Jojo verhaspelte sich etwas beim Kommando, aber das merkte in der Hektik niemand. Die Männer waren sofort auf Trab. Mobby Dick, der dickbauchige Koch, schlurfte aus seiner Kombüse. Doppelhaken, Eddi Einauge und Paule Plankton warfen Würfel und Knobelbecher über Bord. Und Nixnutz, der Papagei, krächzte: »Ach du dickes Ei!«

Schon bald flogen die Kanonenkugeln wie Pingpongbälle durch die Luft und löcherten die Goldene Kuh. So hieß das schwere Handelsschiff, das tief im Wasser lag und fette Beute versprach. Jojo steuerte die Donna Anna längsseits der Goldenen Kuh, bis die Schiffsrümpfe gegeneinanderkrachten. Da ließ Jojo das Steuerrad los und rief: »Alles klar zum Entern!«.

Mit furchtbarem Gebrüll sprangen die Piraten der Donna Anna an Bord der Goldenen Kuh, wo sofort ein wilder Kampf entbrannte. Die Mannschaft der Goldenen Kuh war auch nicht aus Pappe und wusste sich zu wehren. Doch gegen Schwarzbarts Piraten hatten sie keine Chance.

Jojo legte mit ihren Super-Judo-Griffen gleich drei Männer hintereinander flach. Der lange Pit lief auf den Händen und verteilte mit den Füßen Kinnhaken. Mobby Dick stürmte mit einem riesigen Kochlöffel und einem großen Suppentopfdeckel bewaffnet los. Erst schlug er die Gegner mit dem Kochlöffel auf den Po und dann mit dem Suppentopfdeckel auf den Kopf. Die Wirkung war absolut niederschmetternd. Doppelhaken, der an jedem Arm anstelle einer Hand einen eisernen Haken hatte, hängte die Matrosen daran auf, wie an einem Kleiderhaken, und wirbelte sie durch die Luft.

Zum Schluss lud Paule Plankton seine Kanonen mit schwarzem Pfeffer aus Sansibar. Natürlich hatten er und seine Kameraden sich vorher Tücher vors Gesicht gebunden. Eine gewaltige Pfefferwolke lag in der Luft. Den Matrosen der Goldenen Kuh verging Hören und Sehen. Alle mussten schrecklich niesen und gaben auf. Der einäugige Eddi, der eigentlich nicht bis drei zählen konnte, stapelte sie zu Päckchen und umwickelte sie mit Tauen wie dicke Teppichrollen.

Da endlich wachte Käpt'n Schwarzbart aus seinem Nickerchen auf, reckte sich, streckte sich und kletterte an Deck. Zum Kampf kam er leider zu spät, aber macht ja nix. Schließlich konnte er ja noch mit anpacken und die Schätze der Goldenen Kuh auf die Donna Anna schleppen. »Ach du dickes Ei!«, krächzte Nixnutz, der Papagei. Und Käpt'n Schwarzbart lachte: »Ich liebe das Meer, mein Schiff und meine Piraten!«

Stürmische Piraten-Party

Wir hissen die Piratenflagge und stechen in See – Kurs Südsüdwest, immer hart am Wind. Werden wir auf unserer Fahrt den schwer beladenen Goldfrachter entern oder auf einer einsamen Insel stranden? Unser Schicksal ist ungewiss. Doch beim Klabautermann, wir werden alle Gefahren meistern.

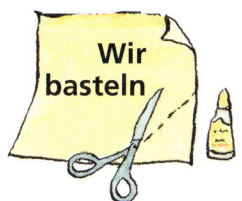

Wir basteln

Flaschenpost-Einladung

Schneide aus grünem Karton den Umriss einer Flasche aus. Stich zwei Löcher in den Flaschenhals. Ziehe ein Stück Gummiband so hindurch, das sich auf der Flaschenvorderseite eine kleine Schlaufe bildet. Auf der Rückseite knotest du die beiden Enden zusammen.

Schreibe deinen Schatzkarten-Einladungstext auf ein Stück Papier. Rolle es zusammen und stecke es in die Schlaufe. Klebe ein Schild mit dem Namen deines Gastes auf die Flaschenpost.

Pirateninsel

Verwandle dein Zimmer in eine Pirateninsel.
Hänge Luftschlangen und Krepppapierstreifen
auf. Vielleicht kannst du auch ein altes Bett-
laken als Sonnensegel aufspannen.
Besorge dir leere Obstkisten (vom Wochen-
markt) oder lege Sitzkissen auf den Boden. Mit
gesammeltem Strandgut, Muscheln, Steinen
und Plastikfischen kannst du
deine Pirateninsel verschönern.
Eine Landkarte oder ein Globus
passen auch gut dazu.

SOLLET TESF
RED NIRATEP
NORGEM MA
DTRANS. MOMK
UZ RED NLEINEK
EALMP.

Piratensprache

Kannst du diese Piraten-Nachricht entschlüsseln?
Vertausche doch mal bei jedem Wort den ersten
mit dem letzten Buchstaben.

Piratenkostüme

Piraten sind ein wildes Volk. Sie tragen, was sie wollen. Gut geeignet sind Leggins oder alte Hosen, an den Knien abgeschnitten. Sie können ruhig ein bisschen ausgefranst und zerrissen sein. Geringelte T-Shirts sind auch nicht schlecht, die mögen alle Matrosen. Piraten tragen aber auch weite Hemden und Rüschenblusen. (Vielleicht gibt es so etwas bei euch im Altkleidersack.)

Piratengürtel: Ein Pirat braucht eine Schärpe (langen Schal) oder einen Gürtel für sein Entermesser.

Piratenschmuck: Nach Perlenketten und Glitzerschmuck sind Piraten ganz verrückt. Und mindestens ein großer Ohrring ist ein absolutes Muss.
Falls keine Klunker – so nennt man großen Schmuck – vorhanden sind, bastelt euch schnell die superleichten »Fast-echt-Gold-Ohrringe«. Dazu beklebt ihr Fotokarton mit Goldpapier. Schneidet Ringe aus. Die Ringe einmal einschneiden und einfach ins Ohrläppchen klemmen.

Piratenkopftuch: Ein buntes Kopftuch zu einem Dreieck zusammenlegen und nach Piratenart verknoten.

Schmink-Tipps

Etwas schwarze Schminke kann nicht schaden. Damit könnt ihr euch Schnurrbärte und Bartstoppeln aufmalen und die Augenbrauen nachziehen.

Mit einem roten Stift lassen sich leicht frische Narben aufmalen. Für ältere Narben mit etwas Schwarz darüberschminken.

Abzieh-Tattoos auf die Arme kleben.

Augenklappen: Bereite für deine einäugigen Piraten Augenklappen vor. Schneide dafür aus schwarzem Tonpapier Kreise aus (etwa 5 cm Durchmesser). Befestige an jedem Kreis ein Gummiband. Du kannst es festtackern oder zwei Löcher in den Kreis stechen und das Band hindurchziehen.

Kapitänshut

Lege zwei Farbkartons von etwa 30 cm Länge und 15 cm Breite übereinander. Zeichne die Hutform ein und schneide sie aus. Male auf die eine Hälfte einen Totenkopf auf. Verziere die Ränder des Hutes mit Goldpapier. Hefte die beiden Huthälften an den Seiten mit je einer Musterklammer zusammen.

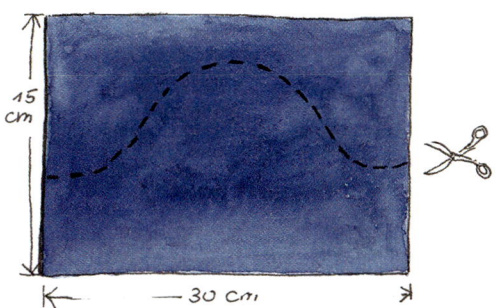

15 cm

30 cm

Musterklammer

Wir backen und kochen!

Piraten-Futter für die Piraten-Party

Taler-Piraten

Das wird gebraucht:
- *300 Gramm Mehl*
- *100 Gramm gemahlene Haselnüsse*
- *100 Gramm Zucker*
- *1 Prise Salz*
- *abgeriebene Zitronenschale*
- *2 Eigelb*
- *200 Gramm kalte Butter*
- *Zum Verzieren:*
- *Johannisbeergelee*
- *Schokoguss*

Aus den Zutaten einen Mürbeteig herstellen.

Etwa 8 Zentimeter große Taler ausstechen. Bei der Hälfte noch zusätzlich ein Auge ausstechen und einen Mund einschneiden.

Bei 175 °C (Umluft 150 °C, Gas Stufe 2) etwa 15 bis 20 Minuten backen.

Die Taler ohne Gesicht mit dem Gelee bestreichen. Die Taler mit Gesicht darauf legen. Den Schokoguss erhitzen. Jeden Taler-Piraten mit einer Augenklappe aus Schokoguss verzieren.

Schiffszwieback mit »Maden«

für unerschrockene Piraten

Das wird gebraucht:
- *250 Gramm weiche Butter*
- *100 Gramm weißer Zucker*
- *100 Gramm brauner Zucker*
- *2 Eier*
- *300 Gramm Mehl*
- *1 Teelöffel Backpulver*
- *1 Prise Salz*
- *300 Gramm Schokostückchen*

Mehl, Backpulver und Salz vermischen.

Zucker, Butter und Eier schaumig schlagen. Die Mehlmischung und die Schokostückchen dazugeben und unterrühren.

Kleine Teighäufchen auf ein Backblech setzen. Genug Zwischenraum lassen, da die Kekse beim Backen verlaufen.

Bei 175 °C (Umluft 150 °C, Gas Stufe 2) etwa 12 Minuten backen, bis sie braun und knusprig sind.

Essbare Piratenboote

Das wird gebraucht:
- *Kräcker*
- *Frischkäse*
- *je 1 rote + gelbe Paprika-schote*
- *Zahnstocher*

Die Kräcker dick mit Frischkäse bestreichen. Die Paprika in dicke Streifen schneiden. Je einen Zahnstocher in einen Paprika-streifen stechen und in den Frischkäse stecken.

Kanonenkugeln

für hungrige Piraten

Das wird gebraucht:
- *2 Brötchen vom Vortag*
- *1 Kilo Hackfleisch*
- *2 Eier*
- *1 Esslöffel Senf*
- *Salz, Pfeffer, Edelsüß-Paprika*

Die Brötchen zehn Minuten in kaltem Wasser einweichen.
Hackfleisch, Eier, ausgedrückte Brötchen, Senf und Gewürze in eine Schüssel geben und gut durchkneten.
Aus dem Fleischteig etwa 40 kleine Bäll-chen formen.
Ein Backblech mit Backpapier belegen und die Bällchen darauf verteilen.
Im vorgeheizten Backofen bei 250 °C (Umluft 220 °C, Gas Stufe 5) etwa 20 Minuten backen.

Piraten-Punsch

für Südsee-Seeräuber

Das wird gebraucht:
- *2 Flaschen Maracujasaft*
- *1 Flasche Mineralwasser*
- *2–3 Esslöffel Zitronensaft*
- *Obststückchen*

Unter Piratenflagge

Wir spielen Piraten: Während der Text vorgelesen wird, ahmen alle Kinder die Tätigkeiten der Seeräuber nach.

Im Hafen von Tortuga liegt die Mary Jane, das stolze Segelschiff von Plattfuß, dem alten Piratenkapitän. Beim Würfelspiel im »Seeräubernest«, der übelsten Spelunke der ganzen Insel, hat der alte Plattfuß eine noch viel ältere Schatzkarte gewonnen. »Beim Klabautermann – den Schatz hol ich mir, morgen steche ich in See!«

Jedes Kind bewegt sich so, als ob es eine schwere Last auf einer Schulter trägt. Das Gewicht muss sorgsam mit dem Körper ausbalanciert werden. Es kann auch mal ein Sack herunterfallen.

Bei Sonnenaufgang steht Plattfuß an Deck der Mary Jane und erwartet seine Mannschaft. Die Piraten schleppen Seesäcke auf den Schultern. Darin haben sie ihre Sachen für die Seereise verstaut. »Moin, Käpt'n!«, rufen die wilden Kerle, was so viel heißen soll wie: »Guten Morgen, Herr Kapitän!«

Die Kinder stehen dicht beisammen. Sie tun so, als ob sie eine schmale Treppe hinabsteigen, und beschimpfen sich nach Seeräuberart.

Über eine schmale, wacklige Stiege steigen die Seeräuber unter Deck in den Mannschaftsraum. Das gibt gleich Geschubse und Streiterei. »Nicht drängeln, du Seegurke!« – »Selber Gurke!«

Im Mannschaftsraum verstauen alle Piraten ihre Seesäcke und probieren die Hängematten aus.

Die schwere Last wird von der Schulter geworfen. Immer zwei Kinder nehmen ein drittes Kind an den Armen und Beinen und wiegen es hin und her.

Der Käpt'n schreit nach unten: »Seid ihr endlich fertig, ihr Vielleichtmatrosen! Alle an Deck! Anker lichten!«

Alle packen gemeinsam an und ziehen den schweren Anker an der Ankerkette hoch. Das ist ganz schön anstrengend. Mancher muss sich den Schweiß von der Stirn wischen. Alle stöhnen.

Da kommt auch schon das nächste Kommando: »Segel setzen, ihr Wackelpuddingpiraten – auf zur Buddelinsel!«

Pantomimisch klettern die Kinder an Masten empor und entrollen die Segel.

Die Mary Jane segelt aus dem geschützten Hafen hinaus aufs offene Meer. Der Wind bläht die Segel. Der Wellengang wird stärker. Das Schiff schaukelt zwischen den Wellen hin und her.

Die Kinder pusten kräftig und schaukeln dabei leicht hin und her.

Die Kinder lassen sich fallen. Am Boden machen sie Schwimmbewegungen.	Plötzlich kommt ein Sturm auf, eine riesige Welle packt einige Seeräuber und wirft sie über Bord. Die Piraten kämpfen mit den Wellen und schwimmen um ihr Leben.
Die Kinder robben zum Tau und ziehen sich daran empor.	Zum Glück haben ihre Kameraden Taue ausgeworfen, an denen sie sich aufs Schiff ziehen können.
Alle machen es sich auf dem Boden bequem.	Langsam legt sich der Wind. Völlige Windstille tritt ein. Die Mary Jane dümpelt auf der Stelle. Die Seeräuber nutzen die Windstille für ein Sonnenbad.
Reihum werfen sich die Kinder einen Ball zu.	Ein merkwürdiges Geschnatter lässt die Piraten hochschrecken. Was ist das? Delfine umkreisen das Schiff. Die Seeräuber werfen ihnen Bälle zu, die die Delfine zurückstoßen.
Jeder bildet mit seinen Händen ein Fernrohr, mit dem der Horizont abgesucht wird.	»Land in Sicht!«, schreit der Matrose aus dem Krähennest. Käpt'n Plattfuß schaut durch sein Fernrohr: »Das muss die Buddelinsel sein!«
Alle essen mit mehr oder weniger Genuss. Manche pulen Maden aus ihrem Schiffszwieback und verziehen dabei das Gesicht. Der Eintopf ist auch nicht sehr schmackhaft.	»Kommt erst mal essen, Jungs«, meint Smutje, der dicke Schiffskoch. »Wir müssen uns stärken, bevor wir auf der Insel ankommen.«

Während die Seeräuber Labskaus und Schiffszwieback futtern, hat sich die Mary Jane der Buddelinsel genähert. »Jetzt ist aber Schluss mit der Völlerei! An die Arbeit mit euch, ihr Papperlapapppiraten!«, befiehlt Käpt'n Plattfuß.

Alle sind erleichtert und tun so, als ob sie ihre Sachen wegwerfen.

Die Buddelinsel ist umgeben von gefährlichen Klippen und Sandbänken. Da könnte die Mary Jane leicht auf Grund laufen. »Anker werfen, Segel einholen, alle Mann in die Ruderboote!« Käpt'n Plattfuß ist ganz aufgeregt.

Gemeinsam wird der schwere Anker über Bord geworfen. Dann werden die Segel wieder eingerollt und die Boote vorsichtig ins Wasser gelassen.

»Alle Mann an die Ruder!«, kommt auch schon das nächste Kommando. »Aber immer schön im Takt, ihr Tangopiraten! Und eins, und zwei, alle sind dabei!«

Mehrere Kinder sitzen zu zweit hintereinander und machen Ruderbewegungen.

Käpt'n Plattfuß setzt als Erster seinen Fuß auf die Schatzinsel. »Hurra, endlich auf der Buddelinsel!«, freut sich Käpt'n Plattfuß. »Jetzt heben wir den Schatz. Dann feiern wir ein stürmisches Seeräuberfest!« Und alle rufen: »Hoch lebe Käpt'n Plattfuß, unser toller Kapitän!«

Spiele für Piraten und Landratten

Angriff des Riesenkraken

Ein Spieler ist der Riesenkrake, die anderen sind Piraten. Der Riesenkrake versucht Piraten zu fangen. Wen er gepackt bzw. abgeschlagen hat, der wird selbst ein Teil des Riesenkraken. Das heißt, das neue Krakenteil fasst einen Krakenspieler an der Schulter oder am Arm, mit dem freien Arm versucht es selbst Piraten zu fangen.
So wird der Krake immer größer.

Schatz im Sand

Einen Haushaltseimer oder eine große Schüssel mit Sand füllen. Kleine Glasperlen darin verstecken. Reihum darf jeder Pirat sein Schatzsucherglück mit einem Löffel probieren.
Wer kann etwas vom Schatz bergen?

Plankenlauf

Piraten waren fiese Kerle. Wer kein Lösegeld bezahlen konnte, musste mit verbundenen Augen über ein schmales Brett – eine Planke – laufen.
Wer danebentritt, fällt ins Wasser und scheidet aus.

Schießübung

Große Flaschen mit Wasser füllen (damit sie schwerer sind) und in einer Reihe aufstellen. Auf jeden Flaschenhals einen Pingpongball legen. Aus zwei bis drei Schritten Entfernung mit Wasserpistolen auf die Bälle zielen.

Welcher Pirat schießt die Bälle am schnellsten ab?

Piratenschlacht

Bildet zwei Piratengruppen. Die einen tragen Gold-Ohrringe, die anderen Silber-Ohrringe (siehe Bastelanleitung auf Seite 80).

Die feindlichen Piraten versuchen sich gegenseitig die Ohrringe zu stibitzen.

Welche Gruppe hat am Schluss die meisten Ohrringe erbeutet?

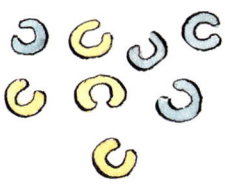

Schiffe versenken

Füllt eine große Schüssel oder ein Becken mit Wasser. Setzt eine flache Konservendose (z. B. von Thunfisch) als Schiff auf das Wasser. Bewerft das schwimmende Schiff reihum mit kleinen Steinchen.

Wer bringt das Schiff zum Sinken?

Wettrudern

Seeräuber sind auch Ruderer. Diese Ruderübung findet auf
dem Trocknen statt.
Große Pappkartons werden zu Ruderbooten,
in denen je ein Pirat kniet. Die Piraten
rudern vorwärts, indem sie sich
außerhalb des Kartons mit den
Händen abstützen und mit
den Kisten nachrutschen.
Welcher Pirat ist der
schnellste Ruderer?

Piraten-Tauziehen

Wenn Piraten Tau ziehen, dann setzen sie nicht nur ihre Kraft ein, sondern auch ihre List. Zum Beispiel indem sie plötzlich die Spannung
nachlassen.
    Beim Piraten-Tauziehen verliert auch die Gruppe,
    die zu Boden fällt.

Wir lieben die Stürme

Text: mündlich überliefert
Melodie: aus der Jugendbewegung

1. Wir lie - ben die Stür - me, die brau-sen-den Wo-gen, der
Wir sind schon der Mee - re so vie - le ge - zo - gen, und

eis - kal - ten Win - de rau-es Ge-sicht.
den - noch sank uns - re

Fah - ne nicht. Hei - o, hei - o, hei - o,

hei - o, hei - o - ho, hei - o, hei - o - ho, hei - o - ho!

Piraten – ABC

Ausguck siehe Krähennest

Aussetzen jemanden auf einer einsamen Insel oder in einem Boot zurücklassen

Backbord linke Seite eines Schiffs (von hinten gesehen)

Buddelschiff kleines Schiff in einer Flasche

Bug Vorderteil eines Schiffs

Bullauge rundes Fenster an Schiffen

Deck Oberfläche des Schiffs (große Schiffe haben Zwischendecks, so wie große Häuser Stockwerke)

Entern ein Schiff erobern

Entermesser Dolch oder kurzes Schwert mit gebogener Klinge

Flaschenpost Nachricht, die in einer Flasche verschickt wird

Fliegender Holländer Geisterschiff

Fracht Schiffsladung

Freibeuter andere Bezeichnung für Pirat

Galeone großes (Kriegs-)Segelschiff

Glasen die Zeit messen mit der Sanduhr

Heck hinterer Teil eines Schiffs

Horizont scheinbare Linie zwischen Himmel und Erde

Kapern ein Schiff und seine Ladung erbeuten und ausplündern

Kajüte Zimmer auf einem Schiff

Klabautermann guter Schiffsgeist, Kobold

Kombüse Schiffsküche

Kompass Instrument zur Bestimmung der Himmelsrichtung

Krähennest Ausguck hoch oben am Hauptmast eines Segelschiffs

Log Instrument, mit dem die Geschwindigkeit eines Schiffs gemessen werden kann

Logbuch Schiffstagebuch

Lot Instrument, mit dem die Wassertiefe gemessen werden kann

Mastkorb siehe Krähennest

Muskete langes Gewehr

Navigieren den Kurs festsetzen oder den Standort eines Schiffs bestimmen

Neunschwänzige Katze Peitsche

Pökelfleisch in Salz eingelegtes Fleisch (um es haltbarer zu machen)

Riff Fels im Meer

Seemeile 1,85 Kilometer

Sextant Instrument, mit dem man auf See Ort und Zeit bestimmen
kann

Shanty Seemannslied

Smutje Schiffskoch

Steuerbord rechte Seite eines Schiffs (von hinten gesehen)

Takelage Masten, Segel und Taue eines Schiffs

Tau starkes Seil

Wrack gestrandetes oder versunkenes Schiff

Register

Quellenverzeichnis

Gedichte/Geschichten

Barbara Cratzius, Wie Käpt'n Seebär immer den richtigen Weg findet, aus: dies., Piraten-Sommer. © Verlag Herder, Freiburg 2. Auflage 2003.

Helme Heine, Die Flaschenpost, aus: ders., Sieben wilde Schweine. © Middelhauve Verlag in der Verlagsgruppe Beltz, Weinheim.

Sigrid Heuck, Emilio Feuerohr. © Autorin

Bernd Kohlhepp, Neun schreckliche Piraten. © Autor

Bernhard Lassahn, Das wilde Leben der Piraten. © Autor

Irene Rodrian, Pepolino, aus: dies., Pepolino. © 1994 Lentz Verlag in der F.A. Herbig Verlagsbuchhandlung GmbH München.

Lieder

Nadine Engelhardt (Text), *Henner Diederich* (Melodie), Der Seeräuber. © Autoren

Nikolaus Esche (Melodie), Ein Pirat, ein Pirat. © Autor

Bernd Kohlhepp (Text), *Jürgen Treyz* (Melodie), Ja, wir sind die Piraten. © Autoren

Christian Lahusen (Melodie), Siebzehn Mann auf des toten Manns Kiste (Seeräuberkanon), aus: Kanonbüchlein, BA 1221. © Bärenreiter-Verlag, Kassel.

Klaus Neuhaus (Text), Der betrunkene Seemann. © Autor

Bibliografische Information der Deutschen Nationalbibliothek
Die Deutsche Nationalbibliothek verzeichnet diese Publikation in
der Deutschen Nationalbibliografie; detaillierte bibliografische Daten
sind im Internet über http://dnb.d-nb.de abrufbar.

© Sauerländer 2004, 2011
Bibliographisches Institut GmbH
Dudenstraße 6, 68167 Mannheim
Alle Rechte vorbehalten.
Umschlaggestaltung: Sibylle in der Schmitten
unter Verwendung von Illustrationen von Jutta Garbert
Redaktion: Jasna Zagorc
Lektorat: Jutta Weidemeyer
Druck: Offizin Andersen Nexö Leipzig GmbH,
Spenglerallee 26–30, 04442 Zwenkau
ISBN 978-3-411-80810-6
www.sauerlaender.de